Freiheit und Staatlichkeit
in der älteren Deutschen Verfassung

Von

Carl Brinkmann

Verlag von Duncker & Humblot
München und Leipzig 1912

Alle Rechte vorbehalten.

Altenburg
Pierersche Hofbuchdruckerei
Stephan Geibel & Co.

Dem Andenken meines Vaters

Vorwort.

Man macht heute vielfach der Geschichtsschreibung der älteren Deutschen Verfassung vor Waitz den Vorwurf des Konstruktiven. Aber vorgefaßte Meinungen können nicht bloß ausgesprochen und theoretisch, sondern nicht minder gefährlich unausgesprochen und praktisch die Forschung beeinflussen. So scheint mir auch die neuere, für alles Einzelne so unendlich bereicherte Behandlung des Gegenstandes in ihrer Bewegung durch ein verstecktes Dogma gehemmt, das darin besteht, eben aus Furcht vor der Konstruktion die Erklärungen und Voraussetzungen einer späteren Zeit mit allzu großer Selbstverständlichkeit auf jene frühe zu übertragen. Man unterstellt die Stufe der Gesellschaft, die man kennt, ausgezeichnet durch die Hauptzüge des Individualismus und der herrschaftlich-privaten Abhängigkeiten. Die vorliegende Schrift sucht zu zeigen, daß eine unbefangene Deutung der Quellen vor und in dieser späteren Entwicklung überall noch die ganz entgegengesetzten Prinzipien einer ursprünglicheren Gesellschaftsordnung zu erkennen gestattet, ja wie alle bedeutenderen Forschungsergebnisse der Gegenwart mit Notwendigkeit gerade einer solchen Erkenntnis vorarbeiten.

Auf die Nachsicht der beteiligten Einzelwissenschaften wird sie zu rechnen haben. Vielleicht entschuldigt der Versuch einer Zusammenfassung so vieler Fragestellungen die unvermeidlichen Mängel in der angemessenen Berücksichtigung eines unerschöpflichen Stoffkreises. Meiner Verpflichtung gegen Herrn Professor Tangl für freundliche Hinweise auf die neuere Urkundenforschung möchte ich auch hier Ausdruck geben dürfen.

Berlin, 23. Juli 1912.

Carl Brinkmann.

Inhaltsverzeichnis.

	Seite
Vorwort	V
I. Die Siedlungsgenossenschaft der römischen Nachrichten.	2
II. Die Siedlungsgenossenschaft der Volksrechte	7
III. Die Einzelwirtschaft der Karolingerzeit	14
IV. Die Siedlungsgenossenschaft der Karolingerzeit	26
V. Die Siedlungsgenossenschaft der grundherrschaftlichen Zeit	41

Die Gesellschaft als der Inbegriff der tatsächlichen Formen menschlichen Zusammenlebens und der Staat als die Gesamtheit der jeweils gültigen Anstalten zu ihrer rechtlichen Ordnung entwickeln sich nur in der mannigfaltigsten Wechselwirkung auf, im unendlich wiederholten Vordringen und Zurückweichen gegeneinander. Und man braucht nur jene reine allgemeinste Vorstellung vom Staate, die die Geltung irgendeines Rechts vor der Tatsächlichkeit enthält, abgesondert von den Zufälligkeiten ihrer geläufigsten Verkörperungen ins Auge zu fassen, um einzusehen, weshalb die Urzustände der Gesellschaft in der äußerlichen und innerlichen Gebundenheit aller Lebensregungen den Rechtsideen der Gemeinschaft möglicherweise einen größeren Einfluß eröffnen als eine lange Reihe späterer. Der Streit um die Freiheitlichkeit oder Herrschaftlichkeit des ältesten deutschen Volkslebens, wie er von dem Rationalismus des 18., dem Demokratismus des 19. Jahrhunderts angeregt, von einer entgegengesetzten Richtung der Gegenwart neu belebt worden ist, hat sein praktisches wie sein wissenschaftliches Interesse wesentlich von daher empfangen. Ebensowenig wie die Überzeugung eines Möser, geschweige eines Maurer und Roth, lediglich dichterische Projektion eines goldenen Weltalters war, ist in den heutigen Erörterungen der Wittichschen Theorie die Einmischung weiterer als bloß technisch historischer Fragestellungen zu verkennen. Dahinter steht das große Problem der Geschichte überhaupt in der Form, daß das Verhältnis gesellschaftlichen Seins und staatlichen Sollens in einer Anfangslage ergriffen werde, die für das Verständnis seiner ganzen Entwicklung entscheidend sein muß.

I.
Die Siedlungsgenossenschaft der römischen Nachrichten.

Auch bei den Nachrichten der Römer, auf die wir gerade für die Schätzung des Staatlichen in der germanischen Geschichte des ersten Halbjahrtausends allein angewiesen sind, wird es gut sein, sich daran zu erinnern, daß dieses Mittel unserer Beobachtung durch Befangenheit in einer außerordentlich verschiedenen Gesellschaftsordnung getrübt sein dürfte. Man ermesse an Reiseschilderungen und Landeskunden „historischer" Zeitalter wie weit der Weg von der genauesten Kenntnis sozialer Erscheinungen zur Erkenntnis ihrer Bewegungsgesetze ist. Mit dieser Vorsicht aber vergegenwärtige man sich die Tatsache, daß in dem frühesten jener römischen Zeugnisse, den beiden ethnologischen Abrissen des Bellum Gallicum, der erste Monarch des Weltreichs eine ihm unerhörte Straffheit der Rechtsordnung bis in die ursprünglichsten (um in unserer römischen Rechtssprache zu reden: privatesten) Lebensverhältnisse hinein zum Kennzeichen des Suebenvolkes und der Germanen überhaupt macht. Gewalten, denen er die Namen des heimischen Beamtentums gibt (magistratus ac principes VI 22), regeln in Abwesenheit von (römischem) Grundeigentum die jährliche Urproduktion der Bluts- und Ortsgemeinden (gentibus cognationibusque hominum quique [1] una coierunt ebd.). Die Rechtsstellung des einzelnen im Volke erscheint durchaus gleichheitlich. Trotz der geringen Intensität der wilden Feldgraswirtschaft[2] bedingt das Expansive dieser Wirtschaftsform bereits eine Arbeitsteilung zwischen Krieg und Produktion. Aber wenn Cäsar (IV 1) nicht fabelt, geschieht sie nicht klassenmäßig, sondern rein zeitlich nach der jährlichen Wirtschaftsperiode, sicherlich von denselben Mächten beherrscht wie jene.

Gerade zu dem letzten Zuge steht das Taciteische Bild der germanischen Gesellschaft wenig mehr als ein Jahrhundert später in ebenso deutlichem als scharfem Gegensatz. Da gibt es eine besondere Arbeiterklasse, die mit den Bezeichnungen der römischen Sklaverei (servus und libertus) bedacht wird: Sie ist also einer anderen, oberen, rechtlich ungleich, unterworfen. Austausch zwischen beiden findet nur in der Richtung nach unten statt: Die Versklavung von Freien im Glücksspiel (Germania 24) steht doch wohl nur als Sonderfall von vertragsmäßiger überhaupt. Mit dem allen ist aber kein tieferer Einblick in das Geschichtliche dieses Zustandes gegeben: Wie verhalten sich vor allem Volksgemeinschaft und Klasse zueinander? Sind alle Sklaven ursprüngliche

---

[1] Diese Lesart jetzt durch Vergleich mit Leg. Acil. repet. 10. 22 gesichert Commentarii ed. B. Kübler I (Lpz. 1893) LXI.

[2] Zu dieser Bezeichnung berechtigt ein Vergleich Cäsars mit dem zeitlich und zuständlich früheren Bilde von der nomadenähnlichen Viehwirtschaft der Sueben ohne (kapitalistischen: $\vartheta\eta\sigma\alpha\upsilon\varrho\acute\iota\zeta\varepsilon\iota\nu$) Ackerbau in dem Poseidoniosfragment bei Strabon VII 1 vgl. K. Lamprecht, Zwei Notizen zur ältesten deutschen Geschichte in Zs. des Bergischen Geschichtsvereins XVI (Bonn 1881) 186.

Volksgenossen? Wie ist dann ihre Versklavung im großen zu denken? Sind alle augenblicklichen Volksgenossen Sklavenhalter oder, wie Wittich will, Grundherren? Wo wäre der noch viel gewaltigere Hebel, der diese völlige Aufspaltung eines Volkes durch sich selbst vollbrächte? Man sehe zu, welche Veränderungen des Wirtschaftslebens seit Cäsar vorgegangen sein können. Die auffälligste ist die von genossenschaftlichem Nomadisieren[3] zur festen Ansässigkeit nach der (wie immer beschränkten) Wahl des einzelnen, mithin zu größerer Energie des Ackerbaues wahrscheinlich in der Mehrfelderwirtschaft. Eine solche Entwicklung muß zwei wesentlich neue Bedingungen des allgemeinen Fortkommens geschaffen haben: Die Aufteilung der Bodenflächen unter die Volksgemeinschaften und den Bedarf, wenigstens die Verwendbarkeit zahlreicher Arbeitskräfte. Beide führen zu einer Änderung der Eroberungsweise: An die Stelle von Vernichtung und Vertreibung Besiegter wird Unterwerfung treten. Die Gesellschaft wird fähig, unfreie Arbeiter zugleich zu finden und aufzunehmen. Natürlich nicht wie die Sklaven der alten Welt als bloß sachliches Arbeitsmittel großer Betriebe. Die sind nicht vorhanden. Sondern in der Weise, die eben Tacitus c. 25 beschreibt: Als persönlich gewertete, tatsächlich selbständige Produktionsleiter in der Zelle der damaligen Volkswirtschaft, dem agrarischen Kleinbetriebe des Einzelhofes, und von dem freien Hofbesitzer nur durch die Produktionsteilung mit einem Herrn unterschieden. Man versteht jetzt die Modalität der Taciteischen Erzählung:

---

[3] Das „neque longius anno uno loco remanere colendi causa licet" B.G. IV 1 muß dem Wortsinne und ganzen Zusammenhange nach auf Orts-, nicht bloß Felderwechsel gehen.

Wenn der Germane über Sklaven gebot, saßen sie so auf ihren eigenen Wirtschaften um die seine, die dermaßen keine Produktion zu enthalten brauchte. Das war der Fall, wenn er wirklich nicht selbst arbeitete, denn Frau und Kinder besorgten nur die häuslichen Geschäfte der Konsumtion (cetera domus). Je nach dem Verhältnis der Sklavenzinse zu dem herrschaftlichen Hausbedarf aber mußte eigene Landwirtschaft sich mit ihnen vereinen. Der freie Bauer ohne abhängige Höfe war gewiß nicht bloß ein Grenzfall.

Wieviel mehr, in der Tat, zeigt Tacitus' Redeweise da, wo er c. 26 von der „Okkupation" der Äcker spricht. Es macht nichts aus, ob erstmalige Besiedlung von unbebautem oder periodische Inangriffnahme wechselnd bebauter Gewanne[4] gemeint ist: Jedenfalls treten die Produzenten hier wieder wie bei Cäsar als gleiche Glieder einer Volksgemeinde (universi) auf, und bis auf den Ausdruck (dignatio) wiederholt sich die Erscheinung der namens der Gesamtheit nach Rechtsbegriffen vollzogenen Landteilung, mag nun die Cäsarische nur bis auf Untergenossenschaften oder die Taciteische bis auf die einzelnen hinunter reichen. Man übersieht von hier aus sofort noch eine andere, gewöhnlich an diese Dinge geknüpfte Streitfrage. Macht man aus dem Typus des germanischen Einzelhofes mit seinen Sklavenhöfen ein besonderes Siedlungssystem gegenüber dem Wohnen in Dörfern, so müßte schon deswegen die Taciteische Feldgemeinschaft zu einer ganz anderen Gesellschaftsordnung gehören. Aber man denke nur an die natürliche Gestalt primitiver Niederlassung, wie sie noch heute allenthalben

---

[4] Wie Lamprecht, Zwei Notizen I, will.

unter schwierigeren topographischen Bedingungen, in Gebirge oder unwegsamer und unfruchtbarer Ebene, ihre Darstellung findet: Da gibt es keine grundsätzlichen Unterschiede der Ansässigkeit als die zwischen Individuum und Genossenschaft, und die sind immer mit und durcheinander gesetzt, alles vorwiegende Dasein des einen oder der anderen stuft sich nach rein örtlichen Ursachen in unendlichen Graden ab: Höfe stehen zu Weilern, diese zu Dörfern, aber auch solche wieder zu Marken oder anderen Verbänden zusammen. Denn, und das sichert der Taciteischen Feldgemeinschaft ihre Bedeutung als allgemeine, nicht bloß besondere Lebensform, der einzelne ist gerade auch in Räumen, die seine Vereinzelung begünstigen, durch die Schwierigkeit der Bodenkultur von genossenschaftlicher Unterstützung durchaus abhängig. Eins der spätesten römischen Zeugnisse, das des Sulpicius Alexander für das Jahr 388[5], betont, allerdings in der Rheinebene bei Neuß, wiederum das den römischen Begriffen von Stadt und Land widerstreitende Beisammenbleiben großer Volksmassen in Riesendörfern (ingentes vici).

---

[5] Gregor. Tur. II 9 MG. SS. Rer. Merov. I 73.

II.
Die Siedlungsgenossenschaft der Volksrechte.

Die Lücke zwischen der in der Überlieferung genau abgedrückten Vorherrschaft Roms und dem Erwachen eigener unmittelbarer Lebenszeichen der Deutschen in urkundlichen und erzählenden Quellen wird durch die Tradition der Volksrechte nach Inhalt und Gegenstand mehr oder minder unbestimmt erhellt. Schon ihr Dasein als solcher ist ein Beweis für eine ganz bestimmte Verfassung der Gesellschaft, die sie schuf, dieselbe, die aus den noch so entgegengesetzten Zügen der römischen Referate als der beherrschende sich herausstellte: Herrschaft einer Gesamtheit über sich selbst, so daß der Wille der einzelnen im ganzen grundsätzlich gleich gilt oder, wenn man will, gleich ausgelöscht ist. Es ist aus der Rechtswissenschaft bekannt, wie streng sich dieser Kollektivismus in allen Einzelordnungen des privaten Lebenskreises ausspricht. Daß auch der Aufbau der weiteren Sphären von dem gleichen Prinzip beherrscht war, sollte unter dieser Voraussetzung selbstverständlich sein und war es gewiß für die Verfasser jener Aufzeichnungen. Indes der Skeptizismus der Gegenwart, die ähnliche Organismen umgekehrt aus den Kräften der Individuen entstanden und geleitet zu denken sich gewöhnt hat, nötigt eben hierauf näher einzugehen. In den Gesetzen der Bajuvaren (XII 8) und der Alamannen (87) finden sich zwei sachlich ganz übereinstimmende Satzungen über Grenzstreit zwischen Siedlungsnachbarn, die das erste Markgenossen (commarcani), das andere Geschlechter (genealogiae) nennt. Es macht keinen Unterschied, daß es sich einmal um Einzelne, das andere um (ebenfalls durch Einzelne vertretene) familienrechtliche Verbände handelt. Beide Male kommt nicht die physische, sondern die juristische Person in Betracht. Denn beide Male sind die Streitenden Mitglieder, d. h. berechtigte Teilhaber einer genossenschaftlichen Siedlung, der Mark, aber auch Untertanen dieses Verbandes, des Volks (plebes), wie die Lex Alamanorum sagt, derselben Gewalt, die Cäsars Kognationen ihre Bezirke anwies. Es kann kein Zufall sein, daß das Verfahren in beiden Rechten hier mit einer Anzahl der altertümlichsten Symbole umgeben ist, bei den Alamannen der Berührung der Scholle (curfodi) vor dem Zweikampf der Parteien im Grafengericht, bei den Bajuvaren dem Wêhadinc der campiones, und gleich darauf (§ 10) der ersten Abmarkung der Hofstatt durch Beilwurf und Schattenfall[1]. Selbst wo in den Anfängen der Besiedelung die Weite des Raumes der Unternehmung des Einzelnen freiestes Spiel erlaubt, ist sein Familiengut, das bajuvarische Allod, nur durch das Recht und die Ordnungen seiner Gemeinschaft gewährleistet.

Auch in der Wirtschaft, die das so kollektiv okkupierte Land nutzt, sind die eingreifendsten Beschränkungen des Einzelwillens überall spürbar. Der Schutz des in-

---

[1] J. Grimm, Deutsche Rechtsaltertümer I⁴ 159 f., II 590, I 82.

dividuellen Kulturvermögens, den das Salische Gesetz in den beiden Titeln vom Diebstahl (XXVII De furtis diversis) und Flurfrevel (XXXIV De sepibus furatis) errichtet, ist doch überall wie das allgemeine Grundeigentum erst bedingt durch die räumliche und rechtliche Bindung der einzelnen Wirtschaft in größeren Verbänden. Diebstähle wie die Ernte oder Bestellung fremden Feldes (XXVII 23 f.) und Übertretungen wie das Wegsperren (avuerphe der Malbergischen Glosse zum Zusatz XXVII, IX Geffcken) oder Überfahren keimender und blühender Saat (XXXIV 2 f.) haben die Feldgemeinschaft mit Flurzwang und Gemengelage zur unabweislichen Voraussetzung. Und wenn der umstrittene Anfang des dritten Zusatzkapitulare zur Lex Salica (Geffcken 66 f.) über die Mordschuld zweier Nachbardörfer mindestens die Wahrscheinlichkeit von noch größeren Fluren eröffnet[2], so hat sich in der Diebstahlsbuße für den Stier, der de tres villas communis vaccas tenuerit (III 5), auch die Kunde von Weidegemeinschaften mehrerer Dörfer erhalten.

Irre ich nicht, so liegen in den feldpolizeilichen Bestimmungen einiger Volksrechte sogar landwirtschaftliche Zustände am Tage, die eine noch stärkere Einengung des intensiven und individuellen Anbaus enthalten. Bis auf die neuesten Epochen des Wiesen- und Futterbaus bringt die Spaltung der Urproduktion in Viehzucht und Bodenkultur eine Nebenbuhlerschaft

---

[2] Mir wenigstens ist nicht zweifelhaft, daß die vicini die ganzen Gemeinden der villae proximae sibi vicinae sind; daß die 65 Schwurhelfer, wie K. Th. v. Inama-Sternegg, Deutsche Wirtschaftsgeschichte I² 132 N. 5, will, „nicht aus den beteiligten Genossenschaften zu nehmen waren", ist weder gesagt noch unumgänglich zu ergänzen.

ihres extensiven und intensiven Elements auf wesentlich derselben Unterlage mit sich. Die Technik des Flurzwanges in ihrer allmählichen Ausbildung durch die Jahrhunderte hat eben darin bestanden, die Rechte des zweiten als des allgemeineren von beiden in immer ausschließlichere Herrschaft zu setzen und das erste schließlich ganz auf die Lücken und die Ergebnisse des andern anzuweisen. Der Titel der Lex Salica (IX De damno in messe vel qualibet clausura inlatum), der sich mit dem Nebeneinander dieser Interessen beschäftigt, zeigt schon durch seine Überschrift an, daß bei ihrer Schlichtung von dem anerkannten Schutz der Ernten und Felder überhaupt gegen das Vieh durch Einfriedigungen ausgegangen wird. Erst von da aus wird dann rückwärts wieder zugunsten der Viehhaltung das Pfandrecht des geschädigten Feldbesitzers abgegrenzt. Zu diesem Gesichtspunkt des bloß vergeltenden Viehschadens fügt nun die Lex Ribuaria (LXX 3 f.) einen ganz andern: Sie betrachtet umgekehrt die Teilung der Felder durch Hecken und Zäune als eine Gefährdung des Viehs, die in bestimmten Fällen als Verschuldung erfaßt und mit Buße geahndet wird, nicht nur bei dem, der das Tier in die Gefahr treibt, sondern subsidiär auch bei dem Besitzer der Verzäunung (dominus sepis), der ihre Unterhaltung in Kinnhöhe (mentionalis) vernachlässigt oder ein Stück hinausragen läßt. Wie diese Satzung gerade in dieses Gesetz gekommen ist, muß dunkel bleiben. Bezeichnender möchte sein, daß ihr auf den Viehtrieb bezüglicher Teil auch in den Rechten der beiden wirtschaftlich primitivsten Stämme des Frankenreiches begegnet, dem der Sachen (LX), die schon Chlothar I. eine inferenda von 500 Kühen, dann Pippin

758 den Tribut von 300 Pferden gaben³, und dem der Thüringer (LX), deren berühmter Schweinezins an den König im 12. aus dem 6. Jahrhundert hergeleitet wurde⁴.

Dem Überwiegen genossenschaftlicher Gesichtspunkte in allen Grundlagen des Volksrechtslebens entspricht das Zurücktreten desjenigen, der in der Mitte aller neueren politischen Erörterungen zu stehen pflegt, des der Freiheit des Einzelnen. Der Gegensätze, deren dieser Begriff bedarf, um ins Bewußtsein einer Gesellschaft erhoben zu werden, gibt es offenbar zunächst nur einen, das Dasein eines von den Rechten der Volksgemeinschaft ausgeschlossenen Menschentums, wie fremder Völker oder jener versklavten Arbeiterklasse, die schon Tacitus in der germanischen Wirtschaft für so wichtig hielt. Die Bezeichnung „Volksfreiheit" im langobardischen Recht⁵ ist zweifellos aus der Berührung seiner Gemeinschaft mit der neuen unterworfenen der Römer entsprungen. Der Freientitel der Lex Salica hat durchaus den Sinn der Entgegensetzung zur Sklaverei. Die Zwischenstufen des libertus und litus sind lediglich aufsteigende⁶. Auch die ergänzenden Texte monarchischen Verordnungsrechts kennen nur eine Minderung des Freienstandes, seine Aufhebung in der Sklaverei; denn zwischen diesen beiden Polen verläuft der (übrigens wahrscheinlich langobardische) Freiheitsprozeß der Extravaganten (B 1 f.), aber auch jene Bestimmung Ludwigs

---

³ Fredegar 74 MG. SS. Rer. Merov. II 158; Ann. Regni Franc. (ed. F. Kurze SS. Rer. Germ. 1895) 16, Ann. Met. (ed. B. v. Simson ebenda 1905) 44. 50.

⁴ Annalista Saxo 1002 MG. SS. VI 649.

⁵ fulcfree Roth. 224 MG. LL. III 54.

⁶ Der minoflidus des Cap. III 1 ist eine gesellschaftliche, nicht eine rechtliche Kategorie und bezeichnet keinerlei Abhängigkeit.

des Frommen (Kap. IX 6), die dem Versklavten gewisse Vermögensrechte gegen seinen Herrn zu sichern gestattet. Wie das geschieht ist nun von äußerster Merkwürdigkeit: Eben durch das Geschäft, das man aus der Folgezeit als das Grab der germanischen Gemeinfreiheit anzusehen gewohnt ist, durch die Übergabe (Tradition) der fraglichen Vermögensstücke an die Kirche oder irgendeine andre Person (cuilibet). Und die unmittelbar anschließende Betonung der fortdauernden Freiheit seiner in Freiheit geborenen Kinder läßt kaum eine andere Deutung zu, als daß sie, die Freien, im Genusse jener Güter bleiben sollen. Erst die jüngeren Volksrechte beginnen dann ausdrücklich und besonders, aber in beachtenswerter Entfaltung des Begriffes, den nämlichen Vorgang als eine Abwandlung des Freiheitsrechts zu berücksichtigen. Die Lex Alamannorum (I 1), die sich ihrer ganzen Färbung gemäß nur den Traditionen an die Kirche zuwendet, kennt schon eine Erstreckung dieser Handlung auch auf die Person des Tradenten. Was für einen Widerspruch dagegen sie von Staatsbeamten (dux, comes), aber auch allgemein (ulla persona) befürchtet und beseitigen möchte, darüber gibt die Lex Saxonum (LXII) Aufklärung, wenn sie gewissermaßen im Namen des volksrechtlichen Verbandes Traditionen von Erbgut (hereditas) außer bei Hungersnot untersagt. Die standesrechtlichen Folgen der Ergebung in fremden Schutz erläutern dann zwei andre Gesetze aus denselben zwei Stadien der Volksrechtskodifikation: Die Lex Bajuvariorum (IV 28) mit ihrer Teilnahme für das Amtsrecht des fränkischen Militärstaates erkennt bereits dem Kommendatar (sie nennt den Herzog als geläufigstes Beispiel) subsidiär zur Sippe das Wergeld des Kommendanten zu[7], und die Lex Frisionum (XI 1) zieht schließlich nur eine letzte Konsequenz, wenn sie den alten Namen des Übergangs vom Sklaven zum Freien jetzt auch auf die umgekehrte Richtung anwendet und die Lage des untergebenen Freien (si quis liber homo . . . se subdiderit) das Personen- und Arbeitsrecht (persona et servitium) des Liten nennt.

[7] Das obsequium des ingenuus, das nach L. Rib. XXXI 1 zu seiner strafrechtlichen Vertretung durch einen Herrn (qui eum . . . retinet) führt, ist das kündbare Dienstverhältnis Volksfremder. V. Ehrenberg, Commendation und Huldigung nach fränkischem Recht (Weim. 1877) 8.

III.
Die Einzelwirtschaft der Karolingerzeit.

Der Einfluß der sozialen Differenzierung auf die Rechtsanschauungen von der germanischen Volksfreiheit tritt indes noch an einer anderen Stelle der späteren volksrechtlichen Überlieferung hervor. Es ist das unbestreitbare Verdienst Philipp Hecks[1], auf die systematische Wandlung aufmerksam gemacht zu haben, die in den Karolingischen Kodifikationen, d. h. ihrem Rechtsstoff nach so verschiedenen Quellen wie der Lex Chamavorum und Lex Thuringorum auf der einen, der Lex Saxonum und Lex Frisionum auf der andern Seite übereinstimmend die alte strafrechtliche Wertnorm des freien Mannes betroffen hat. Sie zeigt sich gewissermaßen gespalten in zwei, von denen die eine die alte Freienbezeichnung beibehalten, die andre, ihr dreifach überlegene die früher als Standesname unbekannte des Edelings oder nobilis erhalten hat. Daß es sich bei der Aufstellung der neuen Edelingsnorm um mehr handelte als um die bloße Wiederholung älterer Wergeldprivilegien (wie des gleichnamigen für die Führergeschlechter der Lex Bajuvariorum III 1 oder des gleichhohen der Lex Salica XLI 3 für den königlichen Dienst), wird durch

---

[1] Beiträge zur Geschichte der Stände im Mittelalter I: Die Gemeinfreien der karolingischen Volksrechte (Halle 1900) 280—91.

die längst anerkannte Tatsache der Ausbreitung des Nobilitätstitels im gleichzeitigen Gesellschaftsleben außer Zweifel gesetzt. Die Frage kann nur noch sein, was denn der Gesetzgeber seinerseits unter der neuen Norm verstehen wollte, ob aus den wirtschaftlichen und sozialen Machtunterschieden innerhalb des rechtlichen Freienstandes die Folgerung gezogen und der alte Rechtsbegriff der Gemeinfreiheit in seiner Einheitlichkeit überhaupt aufgegeben oder ob umgekehrt dieser Begriff inhaltlich aufrecht erhalten und nur im Verhältnis seines verengerten Umfangs mit erhöhten Bürgschaften begabt werden sollte, also mit der Doppelheit der Norm nicht sowohl der Klassengegensatz von arm und reich als der standesrechtliche von abhängig und unabhängig gemeint war. Daß der Name des Freien gegen den des Edlen zur Kennzeichnung von Minderfreiheit herabgewürdigt worden sei, befremdet allerdings auf den ersten Blick um so mehr, als wenigstens für das Gebiet der Lex Saxonum die Tradition der Autoren von Rudolf von Fulda über Hucbald und Nithard zu Widukind die Mittelstellung der „Freien" zwischen Edlen und Minderfreien zu bezeugen scheint[2]. Aber die unmittelbaren Überreste des damaligen Alltagsdaseins in den Besitzübertragungen an kirchliche Körperschaften lehren, daß und auch wie eine solche scheinbar widersinnige Nomen-

---

[2] Doch dürfte man ihre Standestitel dort wohl nicht zu wörtlich nehmen; z. B. ist die Gliederung der Translatio S. Alexandri MG. SS. II 675 in nobiles liberi liberti servi bei dem allgemeinen literarischen Charakter dieser Tacitusnachahmung (W. Wattenbach-E. Dümmler, Deutschlands Geschichtsquellen im Mittelalter I 261) m. E. im Ausdruck auf die Germania zurückzuführen und kann daher nicht für die Sonderung von liberi und liberti geltend gemacht werden.

klatur in der Tat stattfinden konnte, und zwar im Süden wie im Norden Deutschlands. Zu dem ersten Grundeigentum, das die bischöfliche Stephanskirche in Passau erwarb, gehörte eine Schenkung des Grafen Machelm zwischen 770 und 781, mit der der Besitz von neun namentlich aufgeführten „liberi" zu Eckiolfincus ihr übertragen wurde. Zwei davon werden noch von den übrigen dadurch getrennt, daß ihr Land für Eigen der Kirche (propria ad illam ecclesiam) erklärt wird, aber es leuchtet ein, daß auch die anderen durch die Tradition, wenn nicht früher, eine Minderung der Freiheit erlitten nach der sie hießen[3]. Dem Kloster Mondsee wurden 775 von Hiltiroh in Rota zwei Zeidler übertragen, die zunächst beide servi genannt werden, mit dem Zusatz indes „unus est liber et alter est servus"; das Paradoxon des freien und der Pleonasmus des sklavenhaften Sklaven drücken offenbar wesentliche Rechtsverschiedenheiten innerhalb der allgemeinen Kategorie aus[4]. Noch verwickelter sind anscheinend die Standesverhältnisse auf den Besitzungen von Fulda. In ihrem sächsischen Teil fallen hauptsächlich zwei Sonderklassen von Bauern ins Auge, eine zahlreichere sogenannter lidi, auch luzzi (lazzi?), und eine kleinere sogenannter libertini, die sich durch Besitz ordentlicher Hufen und großer Höfe auszeichnet (der Libertine Wolfger des Tradenten Gutheri hat außer Frau und Tochter eine „familia" von 16 Köpfen)[5]. In dem

---

[3] Codex traditionum ecclesiae Pataviensis Nr. 3 Monumenta Boica XXVIII B (Mnchn. 1829) 6.

[4] Codex traditionum Lunaelacensium Nr. 38 Urkundenbuch des Landes ob der Enns I (Wien 1852) 23.

[5] E. F. J. Dronke, Traditiones et antiquitates Fuldenses (Fulda 1844) Cap. 41, 16; 108; 111; 112. Über die verhältnismäßig gesicherte Stellung dieser „Summarien" im Rahmen des berüchtigten

gleich folgenden Einkünfteverzeichnis von Mönchen und und Abt stellt sich dann die erste Klasse unter demselben Namen wieder ein, neben ihr aber eine Mehrheit anderer wie Sclaui, triduani, meldatores und — liberi [6]. Man sieht wie die beiden einander nächsten Schattierungen der Skala vom Freien zum Sklaven, der (abhängige) Freie (liber) und der (zu öffentlichem Recht) Freigelassene (libertus, libertinus) gegenüber den schlechter berechtigten Minderfreien zur Deckung kommen. Auch in den Weißenburger Traditionen wird der Stand der Freigelassenen nicht nur gradezu als der des ingenuus bezeichnet, sondern statt des üblichen „servitium", das mit der Freilassung erlischt, einmal das im Grunde erst auf diese zutreffende „libertinitas" von der vorigen Knechtschaft gebraucht [7].

Was ist der Grund dafür, daß unter den abhängigen Bauern der Traditionen eine noch „frei" genannte Oberschicht bald in allem Tatsächlichen dem Reste angeglichen bald wieder dem Begriffe nach scharf von ihm geschieden ist? Um Spitzfindigkeiten kann es sich in Geschäftsurkunden so praktischer Verwendung nicht handeln. Man weiß zunächst, daß rein gesetzesrechtlich noch in späterer Karolingerzeit an die Bewahrung des Freienstandes Folgen geknüpft waren, die auch wirtschaftlich ziemlich weit reichen mußten; wenn nur der freie Besitzer freien Eigens zum eidlichen Zeugnis (testimonium) bei Inquisitionen zugelassen war, so er-

---

Codex Eberhardi vgl. O. K. Roller, Eberhard von Fulda und seine Urkundenkopien (Marbg. Diss. 1901) 64—8.

[6] Dronke Cap. 43, 1.

[7] Nr. 68 (795), 191 (778) C. Zeuß, Traditiones possessionesque Wizenburgenses (Speyer 1842) 73, 178.

freute sich der bloß persönlich freie Inhaber fremden Gutes immerhin noch der Befähigung zum Eideshelfer (coniurator)[8]. Und unübersehbar sind die materiellen Vorzüge des Gewohnheitsrechts, die von da aus ein oder der andere Vorbehalt von Freiheit in der Anschauung und Überlieferung seiner Träger, der nachbarlichen und blutsverwandten Gemeinschaften, verleihen mußte. So begegnet es, daß dem Wortlaut einer Lorscher Urkunde von 863 zufolge drei Hufen freier Leute, die zu dem Anteil des Grafen Ansfrid am Dorfe Geizefurt und an der Odeheimer Mark gehören, gleichzeitig in die Tradition dieses Hofes an das Kloster einbegriffen und auch wieder von ihr ausgenommen werden[9]. So reden die Freisinger Traditionen, die sonst selbst zu dem umfassendsten Ausdruck für abhängige Bauern „coloni" die „liberi" noch in Gegensatz stellen, doch auch wieder von einem „liber homo in colonia"[10]. So werden die 62 Erben von Offleben im Nordthüringgau, die an einer berühmten Stelle der Korveier Traditionen (Nr. 328, 345) die Auftragung ihrer

---

[8] Cap. pro lege habendum Wormatiense (829) 6 MG. Cap. II 19.

[9] „quicquid in eadem marca villave habeo proprietatis exceptis 3 hobis" Traditiones Laureshamenses Nr. 33 Codex principalis olim Laurishamensis abbatiae diplomaticus I (Mannh. 1768) 68 ff. Merkwürdig ist auch die festgehaltene Schreibung „hoba" für die 3 Hufen des mansus indominicatus und die 3 Wolfbrahts, Thudolfs und Sigeburgs, „huba" für die der servi.

[10] Th. Bitterauf, Die Traditionen des Hochstifts Freising Nr. 19 (763), 343 (815) I (Mnchn. 1905) 47, 293. Vgl. W. Hauthaler, Salzburger Urkundenbuch I (Salzbg. 1898) 15 (Notitia Arnonis): „tradidit iam dictus dux (Theodbert) ... villam nuncupante Chamara cum mansos 14 inter vestitos et apsos et inter servos et liberos"; 20 (Breves notitiae Salzburgenses): „Deditque idem dux Theodo in pago Trunse in loco qui dicitur Pachmanna curtem et casam cum aliis appendiciis suis ... servos et liberos cum coloniis suis".

hereditates und portiones dort selbst bezeugen[11], diese Güter in demselben öffentlich- oder familienrechtlichen Verbande auf ihre Nachkommen vererbt haben. Und so konnte es geschehen, daß Kloster Weißenburg mit dem Geschlechte eines seiner Tradenten und Mönche, Chrodoin, das ganze 8. Jahrhundert hindurch um die Gültigkeit oder Erneuerungsbedürftigkeit seiner ersten Tradition zu streiten hatte[12].

Diesem allen muß auf der tatsächlichen Seite des Wirtschaftslebens eine weitgehende Ununterscheidbarkeit der freien und unfreien Betriebe gegenübergestanden haben. Man überlege, welche Typen wirtschaftlicher Tätigkeit und darum gesellschaftlicher Klassenbildung in der bestimmenden, der Urproduktion der Karolingerzeit vorkommen konnten und vorkamen. Von der Kirche und der Beamtenschaft wird man dabei absehen müssen, denn diese Mächte standen ursprünglich außerhalb der germanischen Gesellschaft, deren Verfassung noch in den spätesten Volksrechten wirksam ist. Welches also war die sozial höchste Klasse, die innerhalb dieser Zustände als solche, d. h. in einer gewissen Massenhaftigkeit aufzutreten und dadurch die nationalen Lebensformen zu erhalten oder weiterzubilden fähig war? Aus den Traditionsurkunden wird man nicht erwarten, eine angemessene

---

[11] Daß die Zeugen alle zugleich Tradenten waren, ist trotz der Anmerkung von P. Wigand, Traditiones Corbeienses (Lpz. 1843) 69 doch wohl klar: „ipsi sibi sunt testes"; Falke hatte nur Unrecht durch die Emendation „ipsi se (tradiderunt)" die Tradition auch auf ihre Personen zu beziehen. Vgl. H. Dürre, Die Ortsnamen der Tr. c. Zs. für vaterländische Geschichte und Altertumskunde XLII (Münster 1884) 67.

[12] W. Harster, Der Güterbesitz des Klosters Weißenburg i. E. Progr. Speyer I (1893) 77—81.

Antwort hierauf zu bekommen. Es ist sehr zweifelhaft, ob die Teile des deutschen Grundbesitzes, die sie uns zeigen, allenthalben ein erkennbares Verhältnis einmal zur Gesamtbegüterung der Tradenten, sodann und hauptsächlich aber zur Besitzverteilung unter ganze Klassen haben. Eine Statistik des Grundbesitzes aus diesen Quellen dürfte so nicht nur Teile der von ihnen berührten, sondern auch alle von ihnen nicht berührten Betriebsarten zu vernachlässigen in Gefahr sein. Und man muß sich schlimmstenfalls bei landschaftlichen Sonderverhältnissen beruhigen, wenn auf Grund der Weißenburger und noch mehr der St. Gallener Traditionen [13] ebenso entschieden die Bauernwirtschaft als der normale Vertreter des dortigen Besitzes angesprochen wird, wie die norddeutschen zum Beweise einer klassenmäßigen arbeitslosen Grundherrlichkeit verwendet worden sind [14]. Etwas anderes ist es, wenn uns die Zeit selbst in der Form Rechtens mit einem durchschnittlichen, in Zahlen ausdrückbaren Maßstabe für die Entsprechung von Klasse und Besitz versieht. Als ein solcher sind bereits in Verbindung mit der letztgenannten Theorie die karolingischen Kapitularbestimmungen benützt worden, die die Normalleistung des Freien im Heeresdienst auf den eigenen oder abhängigen Besitz von 3—4 im Betriebe befindlichen Höfen (mansi vestiti) legten [15]. Gerade von dieser Besitzgröße aber, ja noch, wenn man ihren

---

[13] Harster I 41, G. Caro, Die Grundbesitzverteilung in der Nordostschweiz und den angrenzenden Alamannischen Stammesgebieten zur Karolingerzeit; Beiträge zur älteren Deutschen Wirtschafts- und Verfassungsgeschichte (Lpz. 1905) 21.

[14] W. Wittich, Die Grundherrschaft in Nordwestdeutschland (Lpz. 1896) 121.

[15] Capitulare de exercitu promovendo (808) 1 MG. Cap. I 136

Normalcharakter für die oberste Schicht der Freien bezweifeln wollte, von der dreimal größeren, die vereinzelt zu schwererer Ausrüstung verpflichtete [16], läßt sich nachweisen, daß sie nach den Werdener Durchschnittserträgen von 25—30 Scheffel Brotkorn für den Hof zum völlig arbeitslosen Unterhalt einer etwas zahlreicheren oder anspruchsvolleren Grundherrschaftsfamilie kaum zureichte [17]. Und diese Tatsache auf der damaligen Entwicklungsstufe der Landwirtschaft ergibt bereits einen wichtigen Schluß auf die gesellschaftliche Stellung der Freienklasse. Es bleiben nämlich nur zwei Möglichkeiten, wie der „Grundherr" der 4—12 Hufen sein Einkommen aus der Mehrarbeit seiner Hintersassen ergänzte. Aus einer Jahrhunderte späteren Verfassung der deutschen Urproduktion ist die eine geläufig: daß der Wohnsitz des Herrn gleichzeitig eine Eigenwirtschaft im Umfange etwa der abhängigen Höfe zusammen enthielt, die teils durch häusliche Arbeitskräfte, teils ebenfalls durch die jener Höfe bestellt wurde. Zur bloßen Ausbildung, geschweige zur Ergreifung dieser Möglichkeit war indes der tatsächlich jahrhundertelange Fortschritt nach einer Produktionstechnik erfordert, die die Mittel der hergebrachten Hofwirtschaft im Großbetriebe zu vervielfachen vermochte. Eine Wirtschaftsweise, die die stärksten kapitalistischen Bestrebungen, die des geistlichen Grundbesitzes, in größerem Umfange doch wohl erst hundert

---

[16] Capitulare missorum in Theodonis Villa datum secundum, generale (805) 6 MG. Cap. I 123.

[17] Heck, Gemeinfreie 295 f. Die Antikritik von Wittich, Die Frage der Freibauern, Zs. der Savigny-Stiftung Germ. Abt. XXII (Weim. 1901) 281—90, kann durch den Übergang auf nicht durchschnittliche Körner und spätere verwickeltere Abgabenverhältnisse das Normale der Heckschen Überlegung nicht erschüttern.

Jahre später erreichten[18] und auch in der Folge zugunsten eines intensiveren Betriebes eher eingeschränkt als ausgedehnt zu haben scheinen[19], kann als Element in die Betriebsverfassung der karolingischen Urproduktion schwerlich eingegangen sein. Es bleibt also nichts übrig als zu der älteren Vorstellung von dem grundherrlichen Salhof (mansus indominicatus) zurückzukehren, dessen Ausmaß das der von ihm abhängigen Hufen grundsätzlich nicht übertraf[20] und der, selbst wenn er einmal dem eines größeren Betriebes sehr nahe kam, jedenfalls in vorkapitalistischer Methode von dem Besitzer und seiner Familie mit eigener Arbeit bewirtschaftet wurde; diese Vereinigung von Arbeit und Kapitalbesitz war es dann eben, die umgekehrt die Unterhaltung größerer Zahlen von Knechten und Fronarbeitern entbehrlich und damit den Stillstand bei kleineren Betrieben noch erträglich zu machen vermochte. Will man, spätere Klassenbezeichnungen auf die damaligen Gesellschaftszustände anwendend, fragen, ob der gewöhnliche Genosse des karolingischen Volksrechts Grundherr oder Bauer gewesen sei, so wird man nach den überwiegenden sozialen Merkmalen seiner Lebensweise sich für die zweite entscheiden müssen: Denn noch wenn er außerdem auch Grundherr war, muß er Bauer geblieben sein. Von hier aus löst sich mithin in der Tat das Rätsel der so ver-

---

[18] Diesen späteren Zeitpunkt vergißt Harster II (1894) 30 f. bei der Analyse des Weißenburger Liber possessionum Edelini.

[19] S. die Abnahme des Sallandes in dem ehemaligen Reichshofe Friemersheim R. Kötzschke, Studien zur Verwaltungsgeschichte der Grundherrschaft Werden a. d. Ruhr (Lpz. 1900) 13 u. 22.

[20] K. Lamprecht, Deutsches Wirtschaftsleben im Mittelalter (Lpz. 1886) I 755 f.

wirrenden Standesbezeichnungen. Die äußere Erscheinung des vollfreien Bauern auf seinem Hofe war der des anderen, der ebenfalls wirtschaftlich einem Betriebe vorstand und nur mit einem Ertragsteil dieses Betriebes einem Herrn irgendwie verpflichtet war, so genau gleich, daß es aussieht, als habe der Begriff der Freiheit eines Mannes oder seines Gutes jetzt eine weitere Wandlung vom Rechtlichen zum Tatsächlichen durchgemacht, derart, daß als sein notwendiger Widerspruch erst die Durchbrechung jener abgeschlossenen Hofwirtschaft durch den Zwang zu auswärtigen Arbeitsleistungen an den Herrn zu gelten anfing[21]. In diesem Sinne vornehmlich ist in einer der ältesten deutschen Güterbeschreibungen, in den geistlich-fiskalischen Urbarformeln um 810, den Knechthufen (mansi serviles) des bischöflich-augsburgischen Güterbezirks Staffelsee eine ganze Klasse von sogenannten Freienhufen entgegengestellt, und es bezeichnet die Wirtschaftslage nicht weniger als diese Ausdrücke, daß die zweite Kategorie (mit 1041 Stellen) viel mehr als noch einmal so groß ist wie die erste (mit 466). Die Freibauern sind die gewöhnlichen Zinsleute des Bistums, sogar mit einigen nach dem Jahre oder besonderen Zwecken gemessenen Diensten für diese Herrschaft belastet, trotzdem ein anderer Stand als die Unfreien, deren eine halb so große Menge hinreicht, um mit ihrer

---

[21] Vgl. Trad. Lunaelac. Nr. 20 Ub. des Landes o. d. Enns I 12 f., wo der Vassus Heito eine alte Tradition durch neues „lucrum" vergrößert, um seinen Söhnen das Erbe zu sichern und die „servitus" des Klosters von ihnen abzulösen: „hic deseruirent cum ipsis causis (eis) qui ecclesiam S. Michaelis regerent cum tali seruicio, ut maltros et malcidos non facerent nec aliquem censum soluerent sed cum honore honesta seruitia facerent nec alia a nemine facere cogantur."

wöchentlichen Fronarbeit den kleinen Eigenbetrieb der Herrschaft in Gang zu halten[22]. Aber auf der anderen Seite sind diese Freibauern doch keine Vollfreien auf eigenem Lande. Das tut gleich die folgende Urbarformel für ein Dutzend Usufruktuare von Weißenburg dar, (mindestens ehemalige) freie Eigentümer in dem Schutzverhältnis zum Kloster, wie es die Prekarie (dreien) oder das Benefizium (drei anderen) auferlegte: Sie sind alle Grundherren von (zusammen 84) Knechthufen, aber daneben haben zwei von ihnen zusammen zehn Freihufen unter sich, die also in diesem Falle trotz des Namens einer doppelten Herrschaft unterworfen sind[23]. Das ist die Gewalt der erwachten wirtschaftlichen Entwicklungskräfte in der Gesellschaft, daß sie die hergebrachten Rechtsverhältnisse, ehe es ihnen gelingt, sie sich wieder anzupassen, in völlig widersinnigen Richtungen durcheinanderschieben. Der freie Schutzverwandte mochte zum Zinsbauern, selbst zum Fronbauern werden. In einem Güterregister des 9.—12. Jahrhunderts vom Kloster Bleidenstadt findet man Benefiziare verzeichnet, die ihm allgemeine Fronen schulden; daß ihre Frauen mit dazu aufgeboten sind, hebt jeden Zweifel an der persönlichen

---

[22] Sollte es Zufall sein, daß in dem Lorscher Urbar „Notitiae hubarum in pagis variis" Cod. Laur. III (1770) 212 (Nersten), 216 (Mergenstat) Freienhufen derselben Bezeichnung (mansi ingenuales) auch genau so durch Jahresdienste (worunter parafredus, hostis, missaticum) von denen der Wochenfröner (mansi serviles) unterschieden sind?

[23] Brevium exempla ad describendas res ecclesiasticas et fiscales MG. Cap. I 251—53; vgl. Ph. Heck, Die kleinen Grundbesitzer der br. ex. Vjs. für Sozial- und Wirtschaftsgeschichte IV (1906) 349—55.

Verpflichtung und der gesellschaftlichen Deklassierung[24]. Umgekehrt holte die Freilassung an die Kirche Bauern des schlechtesten Besitz- und Arbeitsrechts, wenigstens der juristischen Fiktion nach, in die Ebenbürtigkeit mit jedem ihrer Vasallen empor. Die Rekognitionszinse von Pfennigen oder Wachs, die jene ehemaligen Hörigen für den Schutz (municipium, defensio, mundeburdium) Weißenburgs zu entrichten hatten, ließen ökonomisch ganz unbestimmt, welchen sozialen Rang sie, ihrer herrschaftlichen Zinse und Frone ledig, zu behaupten oder erringen fähig sein würden. Wie wären aber gesellschaftliche Mischungen von diesem Grade anders auch nur denkbar als unter der Voraussetzung, die der ganze Zustand der damaligen Wirtschaft gleichfalls fordert: daß sich für die Masse der Volksangehörigen noch ein Durchschnitt wirtschaftlicher Betätigung und Macht erhalten hatte, dessen Verkörperungen, die bäuerlichen Kleinbetriebe, die unschwer vertauschbaren Einheiten der sozialen Bildungen waren.

---

[24] C. Will, Monumenta Blidenstadensia (Innsbr. 1874) 9 (II a Nr. 2, 8). Übrigens gebietet Vorsicht gegen diese Quelle ihre Überlieferung in Bodmanns Rheingauischen Altertümern; vgl. H. Wibel, Die Urkundenfälschungen G. F. Schotts Neues Archiv XXIX (1903) 664 N. 3. Einer der oben erwähnten Lorscher ingenui Cod. Laur. III 216 „pro opere feminili reddit solidum". Vgl. R. Kötzschke, Urbare von Werden (Rheinische Urbare II, Bonn 1906) 72: „In Dungilahon Uulfric quondam nobilis ... nunc noster litus est."

IV.
Die Siedlungsgenossenschaft der Karolingerzeit.

So nützlich es ist sich diese statische Grundtatsache des deutschen Gesellschaftslebens im frühen Mittelalter gegenwärtig zu halten, so wenig ist doch damit eine tiefere Einsicht in seinen dynamischen Zusammenhalt erlangt. Man bemerkt, daß trotz der Ursprünglichkeit der Wirtschaftskunst in dem Dasein jener sozialen Zellen, der agrarischen Einzelhöfe, an und für sich kein Hindernis einer Entwicklung lag, die durch ihre bloße Addition in den Händen von Privatpersonen der Verfassung des Volksrechts gefährliche Machtgebilde einzuimpfen drohte. Um die Hauptfrage zu beantworten, von der alle wirtschafts- und verfassungsgeschichtlichen Untersuchungen dieser Zeit ihren allgemeinsten Belang erhalten, um die ihr aus einer früheren überlieferten Kräfte rechtlich-genossenschaftlicher Natur gegen die neuen tatsächlich-individualistischen abzuwägen, muß man aus dem Gebiete ihrer so schwer zähl- und meßbaren ökonomischen Begebenheiten wieder auf das ihrer Rechtsgestaltung zurückkehren, die in aller ihrer Idealität immer eine gewisse untere Grenze für die Beständigkeit der konservativen, eine gewisse obere für die Wirkung der revolutionären Elemente darstellt.

Soviel ist gewiß, daß im Kreise der heute als „privat" zusammengefaßten Rechtsverhältnisse seit dem Ende des 6. Jahrhunderts die genossenschaftlich-sippenhafte Gebundenheit bei voller Auflösung begriffen war. Auf dem Felde der wirtschaftlich wichtigsten Güter zeigen den Erfolg der einschlägigen Merovingischen Gesetzgebung[1] am besten die Traditionen: Nur wesentliche Freiheit des Verkehrs mit, und der Vollstreckung an unbeweglichem Vermögen[2] gestattete der toten Hand im Laufe von etwa 2 Jahrhunderten die volksrechtliche Gesellschafts- und Wirtschaftsverfassung über den ganzen deutschen Boden hin mit den Keimen höchst eigenwilliger und (allem Anschein zum Trotz) im Grunde sehr unsozialer Kraftmittelpunkte zu durchsetzen. Aber wer die eigentümliche Idee der Staatlichkeit hinter den Anfängen des germanischen Volkslebens versteht, wird auch nicht erwarten, daß gerade die untersten Träger eines solchen ganzen, der einzelne und die Familie (diesen Begriff im heutigen, durch spätere Wandlungen bestimmten Sinne der Individualität genommen)[3] sich

---

[1] Zuerst wurden die (Erb-)rechte der Siedlungsgenossenschaft gegen die der Sippe beschränkt Edictum Chilperici (Cap. ad L. Sal. VIII) 3 (worin ich doch mit Geffcken 270 das Heimfallsrecht der Vizinen für Stammland bewahrt finde); sodann die Pflichten der Sippe gegen die Haftung des einzelnen (für Wergeld) Decretio Childeberti 5 MG. Cap. I 16.

[2] Was sich in den Traditionen an Beschränkungen der Verfügungsgewalt findet, ist entweder privatrechtlicher Erbenlaub wie in denen von Freising (Bitterauf I, LXI) oder herschaftlich-lehnrechtlicher Konsenz wie in denen von Mondsee (Trad. Lunaelac. Nr. 4, 13, 16, 44).

[3] Auf der Vertauschung seiner verschiedenen Inhalte ruht z. B. die Betrachtung über Staatsbildung bei Inama-Sternegg I² 678.

gegen die anhebende wirtschaftliche und soziale Differenzierung widerstandsfähiger hätten erweisen sollen. Die aus der Tiefe des Geschlechtsverbandes hervorgegangene Volksgemeinschaft enthielt vor allem einen Zwang und eine Bevormundung ihrer Glieder, die (wie verschieden immer von gleichen Äußerungen des Staats den wir kennen) Freiheit und Verantwortlichkeit des Einzelbewußtseins nicht geduldet, geschweige gefördert haben können. Indessen müßte eben dies Verhältnis von Einzel- und Gesamtwillen ins Gedächtnis rufen, wo inmitten der angedeuteten Rechtsumwälzung nach einem Bestande ursprünglicher staatlicher Ordnung zu suchen ist. Noch heute ist die Tatsachenkette kaum durchlöchert, die die großen Erforscher der deutschen Markenverfassung an dem Faden ihres demokratischen Staatsideals aufzogen. Was diesem Faden im Urteil der Späteren (mehr als billig) seine Haltbarkeit nahm, war allein der Mangel einer unmittelbaren Einsicht in die Zusammenhänge und infolgedessen die Möglichkeiten der politischen und gesellschaftlichen Gesamtentwicklung während der ältesten deutschen Geschichte. Man verstand nicht wie (und bezweifelte daher daß) die kollektive Anlage und Verwaltung der Siedlungen, die noch in den Volksrechten so lebendig hervortritt, durch die Zeit des fränkischen Reiches, seiner monarchisch zentralisierten Staatsregierung und seiner kirchlich-amtlichen Hierarchie hindurch irgendeine mehr als rein förmliche Bedeutung zu retten kräftig gewesen sei. Erst ganz neuerdings haben die Untersuchungen Karl Rübels über die Kolonisation der Franken die technische Seite der Bodenokkupation und damit der gesellschaftlichen Produktionsform unter den Merovingern und Karolingern in einer Richtung aufgeklärt, die meines Erachtens, die theoretischen Konstruktionen ihres Urhebers weit hinter sich lassend, jenen älteren Induktionen über die soziale Funktion der deutschen Markgenossenschaft nachträglich zu der vermißten Maxime verhilft. Die Kennzeichen der Methode, nach der die fränkische Staatsgewalt der nationalen Wirtschaft in Verteilung und Zusammenfassung der Nutzungsflächen die Unterlage schuf, waren die Abgrenzung von Flurmarken nach den Zügen der physischen Topographie und die Ordnung und Überwachung der Nutzungen selbst durch militärisch-beamtenhaft organisierte Mannschaften im Namen des Königs als Herrn alles eroberten, aber noch nicht in Besitz genommenen und genutzten Landes. Alles Greifbare an dieser Verfahrungsweise ist durchaus in der Natur des wirtschaftlichen Vorgangs als solchen gelegen. So zunächst der Fortgang von den Ödgrenzen zwischen den Feldgraswirtschaftssystemen der Germanenstämme Cäsars zu den linearen zwischen den Siedlungen eines und desselben Staatsgebiets. Natürlich ist auch, daß die letzte Begrenzungsart mit der Steigerung der Bodenteilung und des Bodenanbaus von physischen auf Kulturmerkmale ebenso leicht übergeht als diese selbst ineinander. Demgemäß ist der angebliche Gegensatz der kulturellen englischen Grenzbestimmungen aus dem 10. Jahrhundert zu den kontinental-fränkischen des 8. und 9. durchaus kein Beweis für die nationale Eigenart der früheren. Sieht man schärfer zu, so beziehen sich außerdem die merkwürdig genauen Grenzbeschreibungen, die Seebohm für die Erkenntnis der altenglischen Flurverfassung ausbeutete, auf Teile von Marken, während die ganzen Marken selbst in England wie auf dem Festlande Wasserläufen und Bodenprofilen folgen[4]. Umgekehrt begegnet man in dem deutschen Grundstückverkehr der Traditionen bereits zur Zeit viel ursprünglicherer Kultur, (wenn auch nicht so eingehende) Grenzzüge von Markanteilen, die völlig auf den Nachbarschaftsverhältnissen der Feldgemeinschaft beruhen. Ihr gewohnheitsrechtlicher Typus ist schon in einer merovingischen Formel aus der zweiten Hälfte des 7. Jahrhunderts[5] festgestellt, die die Lagenbestimmung des offenbar rechteckigen „campus" durch seine beiden Schmalenden (frontes) und seine beiden Breitseiten (latera) vorsieht. Die Praxis der Übereignungsurkunden folgte, wo sie die örtliche Identität der Grundstücke überhaupt berührte, diesem Schema genau[6], und es hängt dann nur noch von den Zufälligkeiten der Einzelsituation ab, ob die anstoßenden Felder der Flurnachbarn oder am Außenrande von Mark bzw. Hufschlag natürliche Flurmarken als Bestimmungsstücke darin eingehen[7]. Die Methoden der Marksetzung waren wie bei der Grundstückbegrenzung überhaupt in der deutschen und wohl der gemein-germanischen Volkswirt-

---

[4] Zur ersten Gattung gehört die Mark der Domäne Hordwell, auf die sich R ü b e l, Die Franken (Bielefeld-Lpz. 1904) 154 f. stützt, zur zweiten die von Tydenham, deren Abgrenzungsprinzip er ebd. 152 „nicht klar erkennt". „Fränkische" Marksetzung auch bei den Langobarden auf italischem Boden erweist K. B r a n d i in seiner Kritik R ü b e l s, Göttingische Gelehrte Anzeigen 1908 I 20.

[5] Formulae Marculfi II 20 MG. Leg. sect. V 90.

[6] Vgl. Trad. Wizenburg. Nr. 230 (778), 244 (713) Z e u ß 220, 235.

[7] Das erste z. B. in der Tradition Helmfrids von 800 an Prüm H. B e y e r, Mittelrheinisches Urkundenbuch I (Kobl. 1860) 16 (Nr. 13), wo das Kloster, Scaifar und Guntcar als Anlieger in zwei Gewannen (loci) wiederkehren; das zweite in der Tradition Erpas von 818 (?) an Werden Th. J. L a c o m b l e t, Urkundenbuch für die Geschichte des Niederrheins I (Düsseld. 1840) 21 (Nr. 43), wo zwei Seiten an „uallis" entlang ziehen.

schaft weit und gleichmäßig verbreitet, ihre Abwandlung ein notwendiges Erzeugnis der technischen und rechtlichen Fortbildung dieser Wirtschaft.

Nun ist unleugbar, daß der fränkische Staat die in ihnen liegenden Handhaben der Eigentumsbegründung in überraschend bewußter und einheitlicher Weise für sich geltend gemacht hat. Wenn der volksrechtliche Kollektivismus der Siedlung als Ereignis und Zustand vor die Entstehung des Begriffes (Grund-) Eigentum fällt, ja aus seiner Abwesenheit sein eigenes Dasein herleitet, so erhob sich in der Staatsgewalt der Merovinger und Karolinger eine gesellschaftliche Macht, die dem eben entstandenen bei sich selbst einen Umfang von äußerster wirtschaftlicher Tragweite zu geben suchte und seine Wirkung dadurch zugunsten jener kollektivistischen Tradition ungeheuer abschwächen mußte. Die Träger und Schützer des Staatseigentums in den Marken sind die mit Amtsrecht und Waffengewalt ausgerüsteten Kolonisationsexpeditionen. Aber es ist sehr merkwürdig wie gerade ihre Tätigkeit in Namen und Sachen sich allenthalben aufs Engste an die Vorstellungen und Einrichtungen des Volksrechts anschließt. Der vollziehende Akt der Absetzung einer Mark im Namen des Königs heißt vesticio oder vestitura. Das ist der Rechtsausdruck für Übertragung von Gewere auch im Privatrecht, wie sie z. B. in den Traditionen entweder als zu Beurkundendes erwähnt[8] oder doch, sei es für die Vergangenheit sei es für die Zukunft, stillschweigend vorausgesetzt wird. Die Beziehung auf die Übung eines bestimmten Volksrechts, die dabei gelegentlich begegnet, geht in Wirklich-

---

[8] So unter Nennung der Tatzeugen in der Werdener von 817 Lacomblet I 17 (34).

keit auf den volksrechtlichen Zustand schlechthin. Ebenso wie am Ende des 9. Jahrhunderts König Arnulf einen Tausch des Klosters Stablo von zwölf Fiskalhufen im Ardennengau „more legis Salicae" bestätigt [9], so wird am Anfang desselben ein Regensburger Markstreit „juxta legem Bajoariorum" verhandelt [10], so verhelfen 200 Jahre später Heinrich V. und Konrad III. dem Kloster Einsiedeln gegen Schwyz zu einem Stück seiner Ottonischen Dotation durch ein Verfahren „sicut docet lex Allemannorum", „Suevorum qui et Allemanni dicuntur lege ac judicio" [11]. Sachlich fällt zunächst auf, eine wie wichtige Rolle die Öffentlichkeit bei den fränkischen Markensetzungen spielt. Zu der frühesten, über die genauere Nachrichten vorliegen, der von Fulda 747, führte Bonifatius, der im Namen des Königs als oberster Beamter gehandelt zu haben scheint, eine „multitudo" von Volk heran [12]. Die Beschreibung der Mark in der (doch nur formell unechten) Cartula S. Bonifacii ist abgefaßt „qualiter certis terminis consistit et idoneis testibus qui in praedicti principis traditione et vesticione ipsius loci affuerunt" [13]. Es liegt nahe, die eine Angabe durch die andre zu erklären: Die Versammlung des Volks geschah zur Bezeugung der Tradition; und man kann sogar schwanken ob das Zeugnis mit dieser Be-

---

[9] 891 E. Mühlbacher-J. Lechner, Regesten der Karolinger (Innsbr. 1908) Nr. 1866.

[10] 819 Th. Ried, Codex chronologico-diplomaticus episcopatus Ratisbonensis I (Regensb. 1816) 17 Nr. 20.

[11] 1114 und 1144 M. Herrgott, Genealogia diplomatica augustae gentis Habsburgicae (Wien 1737) II 135 (Nr. 195) und 171 (Nr. 223).

[12] Eigilis Vita S. Sturmi MG. SS. II 371.

[13] Dronke 3.

deutung erschöpft war. Ein Menschenalter danach schenkte Karl der Große demselben Kloster die Mark Hammelburg. Der schriftliche Akt der Investitur erzählt erstens, daß die Tradition vor 21 namentlich aufgeführten Zeugen vor sich gegangen sei, fährt aber dann fort: „descriptus est atque consignatus idem locus undique his terminis, postquam juraverunt nobiliores terrae illius, ut edicerent veritatem de ipsius fisci quantitate"[14]. Hier handelt es sich außer um das Zeugnis der Rechtshandlung noch um ein zweites, das des zugrunde liegenden Rechtszustandes in der üblichen Form des fränkischen Inquisitionsprozesses unter promissorischem Eide, wodurch die Handlung erst ihre rechtliche Begründung und Gültigkeit erhält. Dadurch aber wird offenbar die Marksetzung rechtlich unter ein ganz anderes Prinzip gestellt als die Willkür königlicher Beamter. So fern davon der Staatsgewalt eine neue Rechtsbefugnis zu geben, nimmt der Wille der Volksgesamtheit, verkörpert durch den König und seine Diener, einfach das für sie in Anspruch, was ihr Bewußtsein, dargestellt in dem Urteil der freien Siedlungsgenossen (nobiliores terrae), als von Alters durch sie bestimmt, ihr zustehend erkennt[15]. Man muß sich in der Feststellung dieses Prinzips nicht durch

---

[14] MG. DD. Kar. I Nr. 116, Anm. Echtheit des Aktes trotz Verspätung der Ausfertigung bis 812—822 nimmt auch an M. Tangl in Arndt-Tangl Schrifttafeln III (Bln. 1903) 37.

[15] Gänzlich traditionslose Marksetzung dürfte schwer nachzuweisen sein. Rübel wenigstens berücksichtigt sie nicht als Sonderfall. Wie sehr zu Unrecht er sie in den gewöhnlichsten, durchaus sekundären Besiedlungsvorgängen sieht, wird am deutlichsten durch seine falsche Interpretation der formelhaften Wendung in Sanktgallener Traditionen „quicquid ... a die presente visus sum habere" als Bezeichnung des „von heute ab sich bildenden Anteil in der neuen Mark" (S. 166 N. 5).

die Zufälligkeiten beirren lassen, unter denen es in der Entwicklung des Inquisitionsverfahrens versteckt und verbogen sein kann. Wenn unter Ludwig dem Frommen die Ausdehnung des neuen Prozesses von fiskalischen auf kirchliche Sachen einem geistlichen Grundherrn wie dem Bischof Baturicus von Regensburg bei der Vindikation seiner Cella Chambe die tatsächliche Möglichkeit gewährte seinen Jäger und seinen Vikar als Inquisitionszeugen für die „pireisa" ihrer Mark zu verwenden, so waren seine Gegner doch nur ebenso tatsächlich durch ihren geringeren sozialen Rang als einfache „vicini" und nicht etwa rechtlich durch die neue Beweismethode benachteiligt, deren Anwendung der gräfliche missus von Staats wegen überwachte[16]. Die Tätigkeit der marksetzenden Beamten ist als einfache Ausführung der Feststellungsverhandlung dieser durchaus nachgeordnet, und es ist fraglich, ob die Beamteneigenschaft dabei eine entscheidende Wichtigkeit hatte. Unter den Traditionen von Mondsee befindet sich[17] die Beschreibung des Umrittes einer Waldmark Pirichinuuanc (inuuanc wird dem bekannteren bifanc-Beunde entsprechen), die schon durch ihre Datierung nach dem dritten Mond des März 823 diplomatisch hervorragt. Zur Inquisition über Umfang und Rechtsverhältnisse des Grundstücks werden vom Abte und vom Grafen 66 „nobiles viri" herangezogen. In loser Verbindung, die an denselben oder einen be-

---

[16] Die Inquisition steht nicht, wie Rübel 83 ff. meint, im Gegensatz zu der voraufgehenden Verhandlung nach bayrischem Volksrecht; sie setzt sie einfach fort, ohne daß die Beweiserhebung durch sie von der volksrechtlichen (durch Zweikampf oder Schwurhelfer) prinzipiell unterschieden ist.

[17] Nr. 62 Ub. des Landes o. d. Enns I 36 f.

liebig verschiedenen Personenkreis zu denken erlaubt[18], heißt es ferner: „Et sunt testimoniales multi qui hoc testificauerunt et dixerunt, ut iure pertinerent ad S. Michahelem ... quando ipse comes illos interrogauit si aliquis in ipsa silua aliquam potestatem habuisset, responderunt omnes et dixerunt quod nullus homo licenciam habuisset in illa silua aut fustem cedere aut uirgam tollere". Die feierliche, unter so zahlreichem Beistande gewiß sehr wirkungsvolle Bezeichnung der Mark (durch Anhauen von Bäumen, Setzen von Steinen u. a.) nimmt der Sohn des Grafen Kundachar vor, also kein eigentlicher Beamter („marcam fecit"). Zu etwas wie einem altgermanischen Ding endlich erweitert sich die Menge der Inquisiten in der bekannten Sanktgaller Formel von 871 für Markteilungen zwischen dem Fiskus und dem Volksrechtsbesitz (populares possessiones)[19]: „factus est conventus principum et vulgarium ... et affuerunt (em. Dümmler) primi de utraque parte, et regis videlicet missi et seniores eius servi et nobiliores popularium et natu provectiores". Nur der als „immunitas regis" ausgesonderte Marktteil wird der ausschließlichen Verwaltung königlicher Beamter (praefectus, procurator) untergeben, der Rest der Mark in seinem durch die Versammlung bestätigten Umfange bleibt einer alten (übrigens mit dem Gau identischen) Markgenossenschaft, ihren Gemeinheiten und Einzelnutzungen vorbehalten: „idem sequestri constituerunt juxta leges priorum, ut a

---

[18] Die Zahl der Inquisiten war im Vergleich zu den Erfordernissen ihrer Vizinität und Glaubwürdigkeit ihr unbestimmtestes Merkmal H. Brunner, Die Entstehung der Schwurgerichte (Bln. .1872) 108—112.

[19] MG. Leg. Sect. V 403.

supradictis locis usque ad stagnum illud aut illud et montes illos et illos, qui in aliorum quorumque pagensium confinio sunt, omnia omnibus essent communia in lignis cedendis et sagina porcorum et pastu porcorum, nisi forsitan aliquis civium eorundem vel manu consitum vel semine inspersum aut etiam in suo agro sua permissione concretum et ad ultimum a patre suo sibi nemus immune vel aliquam silviculam relictam habeat propriam vel cum suis coheredibus communem".

Die Traditionen, wo immer sie auf überindividuelle Siedlungszusammenhänge Rücksicht zu nehmen Anlaß haben, charakterisieren sie durch genau dieselben Züge genossenschaftlicher, volksrechtlich geschützter Verbände qualitativ gleicher Wirtschaften. Alle technischen Ausdrücke der Demarkationsverhandlungen kehren dabei wieder. Es scheint kaum ein Unterschied gemacht zu werden ob Gemeinheiten im Besitz weiterer familienrechtlicher oder rein siedlungsgenossenschaftlicher Vereine sind[20]. Das Übereinstimmende im Verhältnis des Einzelnen zum Geschlechte und zu den Markgenossen liegt nicht so sehr in erb- und überhaupt vermögensrechtlichen Bindungen an diese Vereine als in der auf ihnen, ihrem Bewußtsein und Zeugnis ruhenden Gewähr für Berechtigung und Ausmaß seines Besitzes. Die Verfassung der Siedlungen nach der Durchschnittsgröße ihrer normalen Einzelhöfe und -kulturen hat gemäß ihrer politischen und physischen Geographie sowie ihrem Wirtschaftsgrade aufs Mannigfaltigste gewechselt. Hier gilt es den diese Verfassung als solche überall leitenden

---

[20] Bitterauf I 304 Nr. 355 (816): „pratas communes sicut alii coheredes eius habent", 714 Nr. 918 (875/6): „silvamque communem cum ceteris nobilibus viris".

Gedanken festzuhalten, daß alle Einzelrechte im Umfange Anteile, in der Herkunft Ausflüsse des genossenschaftlichen Besitzes sind. Das mag weniger selbstverständlich sein, wo wie in einer Weißenburger Urkunde der Flächeninhalt eines Grundstücks, sei es mit bezug auf Maßzahl oder Maßeinheit, der gesetzliche, volksrechtliche heißt[21]. Es wird ganz klar, wenn sich im Gebiet jener Marktteilungsformel eine „portio in communi silva" durch „estimatio" bestimmt[22]. Die Formel lehrt, bei welcher Instanz diese Schätzung zuletzt lag: Die Siedlungsgenossenschaft als Trägerin der besitzrechtlichen Überlieferung, als lebendiges Grundbuch gleichsam, entschied darüber im fränkischen Inquisitionsverfahren theoretisch fast noch unumschränkter als im volksrechtlichen Zeugenprozeß. Man stellt sich aber auch leicht vor, auf welche Art nun eine so genossenschaftliche Orientierung des Besitzrechts wiederum durch die tatsächliche wirtschaftliche und soziale Machtverteilung beeinflußt wurde. Wenn eine einzelne grundherrliche Hand in einem solchen System doch schon außerordentlich kräftig sein mußte um die öffentliche Rechtsmeinung überall auf ihrer Seite zu haben, so vermochte familienrechtliche und ökonomische Gemeinschaft als natürliche Zusammenfassung volksrechtlicher Besitzanteile die Rechtsüberlieferung von ihrem eigenen Prinzip aus, als konzentrischer Kreis im Kreise, zu beherrschen. Diese Konsolidation von Einzelrechten kann selbst in ihrer einfachsten Form, dem ungeteilten Besitze von

---

[21] Zeuß 110 f. Nr. 108 (766): „de terra aratoria campum 1 quod habet legitimos jurnales 12".

[22] H. Wartmann, Urkundenbuch der Abtei St. Gallen II (Zür. 1866) 144 Nr. 531 (868).

Brüdern oder andern nahen Verwandten[23], nicht ohne Bedeutung für die Politik der Siedlungsgenossenschaften gewesen sein. Die soziale Stellung fest verbundener und reich begüterter Sippen auch in einer Gesellschaftsordnung, in der sie keineswegs mehr die Einheit oder die Regel des Lebens sind, wird von den Freisinger Traditionen dargetan. Eins der fünf bevorrechteten Führergeschlechter der Lex Bajuvariorum, das der Fagana, verständigte sich unter sich und mit dem (nach der Lex ihm verwandten) Agilolfingerherzog Tassilo zur Begabung des Bistums mit Kolonialland in der Ödgrenze zwischen ihrem beiderseitigen Geschlechtsbesitz[24]. Und ein anderes dieser Geschlechter, die Hosii (Huosi der Lex), tritt mehrmals in den verschiedensten Funktionen dem Bistum

---

[23] Cod. Laur. Nr. 394 (794): „Rampertus et germanus meus Wolfhoch", 377 (828) Tradition Engilberts und Wigberts von „quicquid habemus proprietatis" für ein (elterliches?) Seelenheil.

[24] Ich rücke den ganzen erzählenden Teil der Urkunde von 750 Bitterauf I 31 Nr. 5 hier ein, weil ich ihn noch paradigmatischer für die von der Verteilung des Volkslandes abhängige Zwischensiedlung finde als irgend eins von Rübels Beispielen: „dum erga eodem loco (Freising) conexae arve ducali pascua non suffecerant, appetivi locum ad proprios heredes quo vocatur Erichinga et ibidem pro necessitate domos construxi, quia antea iam temporibus plurimis inculta atque deserta remansit. Omnes autem possessores huius loci promptis viribus donantes atque tradentes pro remedium animarum suarum: inprimis gloriosissimus Tassilo dux Baioarorum quicquid ad Feringas pertinebat, pariter ipsis consentientibus Alfrid cum fratribus suis et participibus eorum atque consortiis, reliquas autem partes quicquid ad genalogiam quae vocatur Fagana pertinebat tradiderunt ipsi, id sunt Ragino Anulo Uuetti Uurmhart et cuncti participes eorum donantes atque transfundentes seu firmitatem secundum ius Baioarorum facientes, ut ipsaque huius loci, id est Erichiga fines utrorumque genealogiarum sine fraude ditionibus beate praedicte dei genetricis Mariae consistere in perpetuum firma permaneat".

gegenüber auf[25]. Es (oder eine Mehrheit seiner Mitglieder) besitzt zu gesamter Hand die Kirche von Haushausen, die sich zwei einzelne widerrechtlich aneignen wollen; es wird versucht die Sache in einem Familienrat (concilium) zu vertragen, und erst als das mißlingt, kommt sie vor das Gericht des Bischofs Arn und andrer als Königsboten amtierender Richter. Zwei Menschenalter später helfen die Hosier in einem „placitum" des Bischofs Erchanbert eine Tradition des Priesters Erchanfrid gegen den nachträglichen Widerspruch des Tradenten für die Kirche behaupten; da er durch volksrechtlichen Zeugen- und Urkundenbeweis überwunden (legibus et testibus vel scriptis superatus) wird, bestimmt ihn der Graf in einer Privatbesprechung das Gut vor dem Concilium endgültig aufzulassen, und gewiß hatte die Teilnahme des mächtigen Geschlechts an der Inquisition besonders autoritativ auf ihn gewirkt, wenn sie besonderer Erwähnung für wert gehalten wird. Der von diesen Urkunden betroffene Besitz lag in den heutigen Bezirksämtern Pfaffenhofen und Aischach; eine dritte über einen Tausch Freisings mit dem Grafen Adalbert nennt die Lage eines Grundstücks im Bezirksamt Bruck, „in confinio Hosiorum", zeigt also die Begüterung des Geschlechts über einen sehr stattlichen zusammenhängenden Teil Oberbayerns ausgebreitet.

Die merkwürdigste Gattung dieser besitzrechtlichen Interessengemeinschaften ist aber die, deren Beweggründe nicht in der Verwandtschaft, sondern lediglich in dem Bedürfnis der Arbeitsteilung bei der Produktion liegen. Sie ist doppelt beachtenswert in einer Zeit da

---

[25] Bitterauf I 146f. Nr. 142 (791), 589 Nr. 703 (849), 612 Nr. 736 (853).

die natürlichen Siedlungsgenossenschaften an sich, d. h. ohne die belebende Verbindung mit den Organen der zentralen Staatsgewalt, kaum mehr überall zur wirtschaftlichen Unternehmungsform getaugt haben werden. Jedenfalls macht sich bemerkbar, daß die kollektive Arbeit Gleichgestellter vornehmlich in der sekundären Besiedlung wildwüchsiger Gemeinnutzungen mit Vorwerken der einzelnen Hof- und Hufenwirte, den sogenannten Bifängen, Statt hat. Wenn in den Fuldaer Traditionen, an die hier gedacht ist [26], einmal ein Aussteller gleichsam als Wortführer zahlreicher „Genossen" eine solche Rodung überträgt (ego Ualto et socii mei quorum nomina sunt haec ... capturam hanc quae de villa Berghohe capta est), kann man in der Tat auf die Vermutung kommen, daß der Ausdruck der Gleichberechtigung vielleicht nur die Unterordnung einer Schar abhängiger Bauern unter einen Unternehmer verschleiert. Aber eine solche Deutung fällt hin angesichts der nicht mißzuverstehenden Tradition zu Rosdorf, wo zwei Besitzer im Range von Grundherren (vorher überträgt ein andrer vier mancipia) anteilig über eine „comprehensio in marca Baringensium" verfügen.

---

[26] Dronke, Cod. dipl. 94 Nr. 165 (801), vgl. 207 Nr. 471 826/7), 211 Nr. 479 (829).

V.
Die Siedlungsgenossenschaft der grundherrschaftlichen Zeit.

Der siedlungstechnische Gegensatz von Hufschlag und Beunde als der primär-planvollen und der sekundär-planlosen Kultivierung des Bodens ist mit Unrecht[1] zu einem kollektiver und individueller Wirtschaft gemacht worden. Die Anteiligkeit der Beundenkultur ist zunächst eine (ihr mit der Feldgemeinschaft gemeinsame) Rechtsform, keine Wirtschaftsform, und es hängt durchaus vom jeweiligen Falle ab, ob sie sich tatsächlich in Einzel- oder Mengenunternehmungen verwirklicht. Selbst wo Kapital oder Arbeit zu Rodungen und Neukulturen von einem Reichen oder Mächtigen, wie bei den fränkischen Militärkolonisationen vom Staate, beschafft wurden, war doch eine juristisch und ökonomisch gleichheitliche und genossenschaftliche Organisation dieser Wirtschaft, wie sie das Volksrecht in seinen Siedlungsgemeinschaften vorgebildet hatte, durch das ganze Mittelalter den Unternehmern unentbehrlich. Es verdient Hervorhebung, daß im Zusammenhange mit den fiskalischen Siedlungen der karolingischen Militärstraßen auch der Begriff der

---

[1] von Lamprecht in seiner grundherrlichen Theorie der Gehöferschaften Dt. Wirtschaftsl. I 438—58.

Standesfreiheit unter Bauern noch einmal ein bestimmtes und zähes Dasein gewinnt. Der Teil des Werdener westfälischen Heberegisters aus dem 9. und 10. Jahrhundert, der den Brukterergau, die Umgebung des Reichshofes Dortmund behandelt, zeigt und betont die Regelmäßigkeit der dortigen bäuerlichen Besitzverhältnisse: Die Wirtschaften sind selten, die nicht entweder als „mansus plenus" oder durch die Libertät ihres Inhabers ein ursprüngliches System rechtlich und wirtschaftlich gleicher Betriebe verraten[2]. Und der Hauptsinn der späteren Auszeichnung von „Freigütern" in der Nachbarschaft anderer Reichshöfe scheint der gewesen zu sein, daß sie als Glieder einer genossenschaftlichen Verfassung wie der der „freien Reichsleute" von Westhofen durch wechselseitige und herrschaftliche, d. i. staatliche Rechte des Verkaufs und der Bestätigung von Veräußerungen zusammengehalten wurden[3]. Auch noch im spätesten Mittelalter geben sich schweizerische „Freiämter" durch ihre Weistümer[4] als Besitzgenossenschaften zu erkennen, in denen das Einzelgut für Vererbung und Verkauf Beschränkungen zugunsten der Reichslandgrafschaft und der Amtsgenossen unterliegt. Bei privaten grundherrlichen Neubrüchen fiel der Nachdruck der

---

[2] Kötzschke, Urbare von Werden 69—72. Die freien Prekaristen des von Patetta identifizierten Karolingischen Kapitularfragments der Ambrosiana im Zusammenhang mit den karolingischen Rottlandskolonisationen behandelt A. Dopsch, Die Wirtschaftsentwicklung der Karolingerzeit I (Weim. 1912) 176. Über die damalige Verbreitung der freien Leiheformen vgl. ebd. 251 ff.

[3] Rübel, Franken 269 N. 2.

[4] Offnung von Affoltern (1282—1435) J. Grimm, Weistümer IV (Gött. 1863) 392 und F. v. Wyß, Die Offnung der freien Bauern der Grafschaft Kyburg Zs. für schweizerisches Recht XIX 2 (Basel 1876) 8 f.

siedlerischen Rechtsverhältnisse natürlich weniger auf die Freiheit der Wirtschaften als auf ihre Gleichheit in einer anteilig unter sie vergebenen Besitzgemeinschaft. Es ist eins der wertvollsten Ergebnisse der Neubearbeitung der landesfürstlichen Urbare Österreichs, daß noch im späteren Mittelalter die Rottlandsbesiedelung der österreichischen und steirischen Gebirge wie die der rheinischen an die Organisation der Einzelhöfe in Gemeinderschaften von socii (Getailer) oder communes (mitteil) geknüpft war [5]. Aber man erfährt auch ausdrücklich, wie selbst die größten Grundherrschaften aus Mangel an abhängigen Siedlern bisher freie Leute zu ihren Kolonisationen herbeiziehen mußten: Die früheste Nachricht vom Eintreten solcher Freier in einen grundherrlichen, „hofrechtlichen" Verband ist das Immunitätsprivileg Ottos III. für die Neusiedler (coloni) des Bistums Passau in den Barbarenwüstungen einer Grafschaft (marca) der Ostmark [6].

Die Untersuchungen Gerhard Seeligers „Über Immunität, Hofrecht und Landleihen" überheben den Geschichtsschreiber des deutschen Freiheitsbegriffs der Aufgabe das Dasein seines Gegenstandes auch zur Zeit des von oben bis unten herrschaftlich konstruierten Lehnstaates erst in Breite zu erweisen [7]. Die in letzter Linie dingliche Natur des sogenannten Hofrechts, durch

---

[5] A. Dopsch-W. Levec, Die Urbare Nieder- und Oberösterreichs aus dem 13. und 14. Jh. (Wien-Lpz. 1904) CXXII; A. Dopsch, Die landesfürstlichen Gesamturbare der Steiermark (ebd. 1910) LXX.

[6] Nr. 21 MG. DD. II 420 (30. IX. 985).

[7] Die soziale und politische Bedeutung der Grundherrschaft im Mittelalter (Abhandlungen der phil.-hist. Klasse der Kgl. sächs. Akademie der Wissenschaften XXII 1, Lpz. 1903) 184—91.

das die damals herrschende Wirtschaftsform des Großgrundbesitzes ihrer sozialen Verfassung juristische Prägung verlieh, wurde mit den Resten der ökonomisch überwundenen Volksrechtsverfassung deshalb nicht fertig, weil sie eine breitere und selbständigere Rechtsgrundlage behielten als die Beharrung ihrer wirtschaftlichen Kraft. Beschränkt man den Blick auf die Sphäre des Privatrechts, so wird man für die Qualifizierung von Personen und Gütern als „frei" kaum bessere Gründe entdecken, als welche die gesellschaftliche Stellung an die Hand gab. Die freien Erbleihen, mittels welcher sich vornehmlich eine ausgezeichnete Oberschicht von Bauern in den Hofrechtsverbänden erhielt, teilten ihren Hauptvorzug, die Erblichkeit des Gutes, als Tatsache gewiß mit der großen Masse der unfreien Besitzungen[8], und von einer Doppelseitigkeit ihrer Freiheit im Kündigungsrecht gegen die Herrschaft ist so wenig wie bei diesen die Rede[9]. Dafür scheint jene Schattierung des Freiheitsbegriffs zum Gegensatz gegen Dienstbarkeit, die in der karolingischen Unterscheidung von Freien- und Knechthufen anhob, in den späteren Jahrhunderten so technisch geworden zu sein, daß die ausschließlich geldwirtschaftlich verpflichteten Inhaber der Erbleihen vornehmlich in diesem Sinne frei geheißen haben mögen. In einer Salzburger Tradition aus der ersten Hälfte des 12. Jahr-

---

[8] Einen trotz beschränkter Übergabefreiheit unter Lebenden unbeschränkten Erbgang setzt z. B. das Freckenhorster Hofrecht für „erve edder kotten" der „egen luede" voraus. E. Friedländer, Die Heberegister des Klosters Freckenhorst (Codex Traditionum Westfalicarum I, Münster 1872) 197.

[9] Das Charakteristikum der seit dem 13. Jahrhundert sehr verbreiteten Leihe zu Freistift war umgekehrt die Widerruflichkeit seitens der Herrschaft Dopsch, Urbare der Steiermark XCIX—CII.

hunderts finden sich die Fronarbeiter (cottidiani prebendarii = provendarii) einer Hinterlassenschaft testamentarisch für 2 Wochentage „befreit" [10]. Es ist die Zeit, um die die zur ersten Rolle in der feudalen Gesellschaft berufene Oberschicht der unfreien Dienstmannen, die Ministerialen, mit dem Makel ihres Ursprungs und ihrer Verbindlichkeiten auch die freien Elemente ihres Standes behafteten [11]. Der Abschnitt des Maurmünsterer Dienstrechts (um 1144), der die verschiedenen Qualitäten der Dienstgüter, die „differentiae mansorum", beschreibt, führt sogar noch unter den unfreien selbst eine Einteilung nach dem Gesichtspunkt der Dienstart durch. Hinter den „ingenui seu liberi", die nur aus Roßdienstpflichtigen barones inbeneficiati bestehen, kommen zuerst die „serviles", selbständige Bauernhöfe mit Zins- und wöchentlich gemessener Fronpflicht (triduana servicia), dann aber als sichtlich tiefer gewertete Klasse die „proprii", von der Bauerschaft gemeinschaftlich besetzte (ex omnibus mansi quidam secreti) Knechtstellen auf den Fronhöfen selbst mit ungemessener Verpflichtung zu allen niederen Arbeiten darin (minimae justiciolae) [12]. Auch im späteren Mittelalter aber vertragen sich jahrweise

---

[10] Hauthaler 402 Nr. 281: „duobus tamen in hebdomada diebus libertate fruantur".

[11] P. Kluckhohn, Die Ministerialität in Südostdeutschland vom 10. bis zum Ende des 13. Jahrhunderts (Quellen und Studien zur Verfassungsgeschichte des Dt. Reiches in Mittelalter und Neuzeit ed. K. Zeumer IV 1 Weim. 1911) 16—23. Doch wäre die Ministerialität der Fagana bei Freising ein eigentümlicher Fall von Dienstbarkeit eines nicht nur altfreien, sondern sogar altedlen Geschlechtes J. Merkel, Die Adelsgeschlechter im bairischen Volksrecht, Zs. für Rechtsgeschichte I (1861) 267 f.

[12] J. D. Schöpflin, Alsatia diplomatica I (Mannh. 1772) 227: „ad omnia et in omnibus, ac si proprii servi, obtemperabunt".

fixierte Dienste, wohl weil stets geringer und gegebenenfalls durch Stellvertreter zu erledigen, mit der Qualität freier Güter. In den alamannischen Besitzungen der Habsburger wenigstens steht die übrigens sorgfältig beachtete Freiheit von Mann oder Gut dieser Art von Obligationen nicht im Wege[13].

Wendet man sich hingegen an die öffentlichrechtlichen Beziehungen zum Ganzen der Gesellschaft, in denen noch der karolingische Staat allen herrschaftlichen Mächten zum Trotz die Freien als Glieder seiner Normalsiedlungen, als Träger seines Inquisitionsrechts zu halten wußte, so stellt sich heraus, daß gerade in ihnen dem älteren genossenschaftlichen Gerüst der deutschen Gesellschaft eine nach Energie wie Dauer gewöhnlich unterschätzte Stütze gegeben war[14]. Aus jenem Ottonischen Privileg für die Passauer Kolonien weiß man, daß noch am Ende des 10. Jahrhunderts der König auch die Unfreien einer Immunität im Streit mit ihr nicht zugehörigen Personen vor sein Grafengericht fordern konnte. Aber selbst ein Jahrhundert später beweist das Hofrecht des Klosters Ettenheimmünster zu Münchweier eine ähnliche Lückenhaftigkeit der grundherrlichen Gerichtsbarkeit. Schon

---

[13] R. Maag, Das Habsburgische Urbar I (Quellen zur Schweizer Geschichte XIV, Basel 1894) 368: „fri oder ander liute, die uf den vrien eigenen sitzent oder dieselben eigenen buwent" geben außer Vogtrecht und Fasnachthuhn Stecken und Fronen (tagwan) für einen Weinberg.

[14] G. Seeligers Immunitätstheorie bleibt nach der Seite der Personalkompetenzen höchst fruchtbar, auch wenn man seine „engere Immunität" (Grundherrschaft 126 f.) in territorialem Sinne aus dem ausschlaggebenden Privileg für Aniane 822 (Mühlbacher-Lechner Nr. 752) hinweg interpretiert, indem man etwa die „weitere" für Allmende und andere Volksgemeinheiten, nicht ausschließliches Klostereigentum ansieht.

daß die Jurisdiktion des Abtes und seines Vogts jene auf Wirtschaftsstreitigkeiten (dratunge, azunge, bivangen und gulten) diese auf die in der Formel „Dieb und Frevel" zusammengefaßten Vergehen (furtum und widerhore oder fravil) begrenzt sind [15], hat zu der Vermutung Anlaß gegeben, daß über oder vielmehr außer beiden noch die öffentliche eines Landgerichts bestand. Zu dieser sachlichen Wahrscheinlichkeit nicht grundherrlicher Jurisdiktion kommt aber noch eine andere territorialer Natur. Das Gebiet des Münchweierer Hofrechts ist nicht einheitlich. Es zerfällt in das eigentliche Zubehör des Fronhofs, über dessen Bewohner der Abt das Recht des Hofzwanges, der Verwandlung in deputatgelohntes Gesinde ausüben kann, und in einen zunächst nicht näher bestimmten Rest, der mit dem ersten zusammen das Kirchspiel des H. Landolin ausmacht. Die Parochialen als solche werden im Hofrecht zweimal erwähnt. Einmal haben alle Vorstände von Haushalten (husrochi) jährlich 2—4 Tagesdienste zur Hofwirtschaft zu gestellen: Auch die besser Berechtigten, dem Hofzwange nicht Unterliegenden dienen mithin zu Hofe. Sodann wird gleich im Anfange des Hofrechts ausgesprochen, daß die Kirchspielsleute eben die Beisitzer des Abtgerichts der Mark Ettenheimmünster sind, d. h. mindestens die Angehörigen der weiteren Parochie der Gerichtsbarkeit ihres Siedlungsverbandes nicht nur unterworfen sind, sondern sie mit ausüben [16]. Man begreift den nahezu

---

[15] C. 5 f. K. Zeumer, Das angeblich älteste Alamannische Weistum Neues Archiv XXV (Hannover-Lpz. 1900) 809, der doch ebd. 817 f. die Hypothese von E. Gothein, Jura curiae in Munchwilare (Progr. Bonn 1899) 17, zu Unrecht ablehnt.

[16] c. 21 f. u. 2 N. Arch. XXV 811 u. 808 f., dazu W. Wittich, Zs. für die Gesch. des Oberrh. Neue Folge XV (Karlsr. 1900) 420 f.

freien Rechtsstand von Bauern, die, dem Fronhofe nur mit geringen Jahresdiensten verbunden, ihr Recht in Mark- und Abgabensachen sich selbst sprachen.

Das Münchweierer Hofrecht liesse wohl diese Verhältnisse kaum unzweideutig erkennen, wären es nicht genau dieselben, die am Ausgange des Mittelalters die Grundzüge der Schweizerischen Gerichtsverfassung bilden. Das Habsburgische Urbar kennt zwei Jurisdiktionen, Twing und Bann (districtus et bannus) als die niedere auf der einen, Dieb und Frevel als die höhere auf der anderen Seite. Die erste ist die des Abts, die zweite die des Vogts von Münchweier. Diese ist auch im Urbar gewöhnlich die Vogtei. „Twing und Bann" aber heißt im Schweizer Recht des späteren Mittelalters das Feldgericht der Dorfgemeinden[17]: Schon Anfang des 12. Jahrhunderts nahmen zu Münchweier die Kirchspielsbauern an einem solchen Teil. Die Frevelgerichtsbarkeit, die aus der Reihe der karolingischen causae maiores schon die Rechtsprechung über Eigen an die niedere der Lokalgerichte verloren hatte, ist nach oben nur undeutlich abgegrenzt, indem sie die höchste, den Blutbann, bald zu befassen scheint, bald ausdrücklich ausschließt[18]. Das mangelnde Prinzip, wonach diese Alternative sich entschied, wird vielleicht von der Österreichischen Gerichtsverfassung zu Beginn der Neuzeit an die Hand ge-

---

[17] P. Schweizer, Das Habsburgische Urbar II 2 (Quellen XV 2 1904) 547; F. v. Wyß, Abhandlungen zur Geschichte des schweizer. öffentlichen Rechts (Zür. 1893) 34, 44; sein Kommunalcharakter ist wohl die eigentliche Ursache der „Volkstümlichkeit" der Twingherrschaften, die U. Stutz, Das Habsburgische Urbar und die Anfänge der Landeshoheit Zs. der Savigny-Stiftung Germ. Abt. XXV (1904) 226, hervorhebt.

[18] Stutz a. a. O. 203.

Die Siedlungsgenossenschaft der grundherrschaftlichen Zeit. 49

geben: Hier war die Bedingung dafür, daß den Landgerichten, den Überbleibseln der alten Grafschafts- und Gaugerichte, die Blutgerichtsbarkeit beiwohnte, die Verfügung über freie Urteiler [19]. Auch in der Schweiz gab es Vogteigerichte, die als Organe ursprünglich staatlicher, nicht grundherrlicher Jurisdiktion nicht bloß über Freie, sondern durch Freie sprachen: Die im Kyburger Urbar, einem der Vorläufer des habsburgischen, Mitte des 13. Jahrhunderts bezeugte „advocatia super liberos" [20] könnte noch heute als rein herrschaftlicher Verband mißverstanden werden, hätte nicht der glückliche Fund einer Öffnung dieser „Vogtei" zugleich mit ihrem Fortbestehen bis ins 15. Jahrhundert ihre öffentlichrechtliche Bedeutung als Freigericht unmittelbar dargetan [21]. Und sogar auf norddeutschem Boden saßen in den Grafendingen Niedersachsens zurzeit des Sachsenspiegels als Urteiler auch freie Bauern, die „Schöffenbarfreien" dieses Rechtsbuches [22].

Die beiden Lebensinhalte der germanischen Gemeinfreiheit, Freiheit von jeder anderen als öffentlichen Gewalt und genossenschaftliche Zusammensetzung und Handhabung dieser Gewalt, haben dem Feudalrecht mit

---

[19] J. Strnadt, Materialien zur Geschichte der Entwicklung der Gerichtsverfassung und des Verfahrens in den alten Vierteln des Landes ob der Enns, Archiv für die Kunde österreichischer Geschichtsquellen XCVIII (Wien 1909) 167 f.

[20] Habsburgisches Urbar II 1 (Quellen XV 1 1899) 30.

[21] Ed. F. v. Wyß Zs. für schweizerisches Recht XIX 2, 3—14. Der Fundort auf dem Umschlage der Zürcher Fragmente der Habsburgischen Urbarreinschrift ist eine gute Warnung vor rechtsgeschichtlichen Argumenten e silentio für den Übergang vom Mittelalter zur Neuzeit.

[22] Ph. Heck, Beiträge zur Geschichte der Stände im Mittelalter II: Der Sachsenspiegel und die Stände der Freien (1905) 342—62.

seiner Auflösung des Staats in herrschaftliche Abhängigkeitsverhältnisse sehr ungleich Stand gehalten[23]. „Gottes, der natur und das alt frei frenckisch Recht", das der Scharfsinn der Humanisten und Reformatoren auf dem Grunde der deutschen Gesellschaftsentwicklung spürte, war in ihren Tagen schon „eine lange zeit" unter den zahllosen notwendigen, aber wesentlich auf Macht, nicht Recht gestellten Übergangsformen zum neuzeitlichen Staate fast verschüttet[24]. Es dürfte in der Geschichte der deutschen Stände ein ganz vereinzelter Fall sein, daß bäuerliche Markgenossenschaften wie die Pfälzischen Haingeraiden von ihrem halb sagenhaften Ursprung aus Merowingischer Kolonisation durch die Jahrhunderte des Deutschen Reichs ihre Unmittelbarkeit unter ihm bewahrten[25]. Schon im Beginne der Neuzeit ist von der unmittelbaren Beteiligung eines rechtlich ranglosen „Volks" an dem höchsten Staatsgeschäft gewohnheits-

[23] Es ist eine seltsame Überschneidung der volksrechtlichen Ständeeinteilung mit der lehnrechtlichen, daß die Hoch- oder Semperfreiheit des Deutschenspiegels (62 ed. J. Ficker, Innsbr. 1859, S. 67 f.) als Reichsunmittelbarkeit das Rittertum als Mittelfreiheit unter sich ließ.

[24] Martin Bucer an Philipp den Großmütigen von Hessen 4. XII. 1543 über die Vertreibung Heinrichs von Braunschweig M. Lenz, Briefwechsel II (Publikationen aus den Preußischen Staatsarchiven XXIX, Lpz. 1887) 213. R. Smend, Das Reichskammergericht (Zeumers Quellen und Studien IV 3 1911) 162 N. 2, übersieht, daß es sich um einen älteren und tieferen Gegensatz handelt als den gegen die Rezeption; die von ihm verglichene Deduktion des Säkularisationsrechts aus Leutholds „Tag von Hagenaw" 1540 (bei F. Hortleder, Von den Ursachen des Teutschen Kriegs, Gotha 1645 I 198) ist eine bloße Wortparallele und verteidigt umgekehrt wie Bucer und ziemlich unlogisch die Landes- gegen die Reichshoheit.

[25] G. L. v. Maurer, Einleitung zur Geschichte der Dorf-, Hof-, Mark- und Stadtverfassung² (Wien 1896) 115.

rechtlicher Gesellschaften, der öffentlichen allgemeinen Rechtssprechung, wenig mehr als der Grundsatz vorhanden. Aber die Frage, was diesem Rest der Volksrechtsverfassung, verträglich wie er an sich mit der Staatsidee der entstehenden Territorien gewesen sein muß, gegen die so viel wirklicheren Mächte der feudalen Gesellschaftsschichtung die Selbstbehauptung auch nur so lange möglich gemacht hat, diese Frage führt über alles anerkannte Recht hinaus in den wirtschaftlichen und sozialen Kern des Freiheitsproblems, zu dem letzten tatsächlichen Rückhalt, den jene vergessene Verfassung in den beharrlichen Einrichtungen der örtlichen Lebens- und Arbeitsgemeinschaften, also die Freiheit in der Genossenschaftlichkeit hatte. Ich greife ein merkwürdiges Denkmal landgerichtlicher Rechtspflege heraus, um das zu veranschaulichen[26]. Vor dem Landgericht der Grafen von Öttingen werden 1319 der Komthur der Deutschordenskommende Öttingen und ein anderer Edler wegen Beeinträchtigung der Gemeinweide von Zipplingen verklagt. Die Kläger sind nicht etwa Bauern, sondern ebenfalls adlige Grundherren. Das Landgericht, das sich aus sieben Rittern, drei Freien, (zwei heißen „der fricke" und „der fri") und anderen „ersam liut" zusammensetzt, entscheidet nach einer „Kundschaft", die eine Abordnung von zwei Rittern, einem Freien und dem Nördlinger Ammann in seinem Namen „erfährt". Danach besteht zu Zipplingen ein Ausschuß von 7 „gebur", der die Gemeinhirten einsetzt und die streitigen Weidebräuche, namentlich die rechtzeitige Öffnung von Brache- und Herbstwiesen, überwacht. Den Prozeß der Grundherren

---

[26] F. Wintterlin, Württembergische Ländliche Rechtsquellen I (Stuttg. 1910) 170 f.

schlichtet die Rechtsüberlieferung einer Siedlungsgemeinschaft, deren meiste Mitglieder sozial oder gar unmittelbar herrschaftsrechtlich unter ihnen stehen, und in die Einholung und Anwendung dieser Überlieferung müssen sich ihre Standesgenossen mit Angehörigen anderer Klassen teilen. Man sieht gleichsam symbolisch, wie vorläufig die bloße Anrufung der volkstümlichen Tradition im lokalen Verwaltungsrecht, dem Nachbarrecht des deutschen Bauern, genügt, um die vereinzelnden Bestrebungen der gesellschaftlich Mächtigen einzudämmen. Selbst als diese Bestrebungen später in den allgemeinen öffentlichen Organen der Rechtsfindung und Regierung alle Hemmnisse genossenschaftlicher Willensäußerung entfernten oder lähmten, ist die Quelle des alten gleichen Rechts nicht versiegt, ja sie ist gerade damals, beim Übergange zur neuen Zeit, in den großartigen Kodifikationen der Weistümer zu einer letzten starken Gegenbewegung aufgeschwollen, um dann Jahrhunderte lang bis in den modernen Rechtsstaat einförmiger, aber in der Unscheinbarkeit kleinster Daseinskreise nicht minder tief die Grundlagen der Gesellschaft zu befruchten, für ihre innersten Lebensvorgänge von keiner geringeren Bedeutung als die Gesittung der Städte und die Staatskunst der Fürsten.

Printed by Libri Plureos GmbH
in Hamburg, Germany